HOW TO
CULTIVATE
A SELF-DRIVEN BOY

培养自驱型成长的男孩

鲁鹏程 著

团结出版社

图书在版编目（CIP）数据

培养自驱型成长的男孩 / 鲁鹏程著 . —北京： 团
结出版社，2024.2
ISBN 978-7-5234-0507-9

Ⅰ.①培… Ⅱ.①鲁… Ⅲ.①男性－家庭教育 Ⅳ.
①G78

中国国家版本馆 CIP 数据核字 (2023) 第 197128 号

出　版：团结出版社
　　　　（北京市东城区东皇城根南街 84 号　邮编：100006）
电　话：(010) 65228880　65244790（出版社）
　　　　(010) 65238766　85113874　65133603（发行部）
　　　　(010) 65133603（邮购）
网　址：http://www.tjpress.com
E-mail: zb65244790@vip.163.com
　　　　tjcbsfxb@163.com（发行部邮购）
经　销：全国新华书店
印　装：三河市东方印刷有限公司

开　本：165mm×235mm　16 开
印　张：12.5
字　数：169 千字
版　次：2024 年 2 月　第 1 版
印　次：2024 年 2 月　第 1 次印刷

书　号：978-7-5234-0507-9
定　价：48.00 元

前　言

生活中，男孩好动、有攻击性，或者说爱打架，这是为什么呢？

很多家长认为就是自己家的男孩调皮，或者不如别人家的孩子听话，当男孩打架之后，家长往往会采取吼叫、打骂，甚至惩罚的方式对待男孩，结果，你就会发现，孩子越来越叛逆、越来越不听话。

那么，男孩子真的是因为调皮、不听话而不受管束吗？不是的，这是因为他体内的睾丸素在发挥重要作用。不是他生来就调皮，或者跟着坏孩子学坏了。如果不了解男孩的发育特点，很有可能就会冤枉他，而且你可能还会用错误的方式教育孩子，最终会形成恶性循环。

我接触过很多男孩的家长。接触的家长越多，就越发现每位家长都有自己的教育困惑，比如，不了解男孩的心理特点与成长规律，只凭自己的想象和所谓"经验"去想当然地教育男孩；再比如，认为男孩与女孩没有本质的区别，所以在学龄初期对男孩在学习方面的稍显落后不理解，以至于采用错误的教育方式；还比如，在教育男孩方面，容易走入各种误区，像是不允许男孩哭泣、粗暴阻止男孩所谓的"破坏性"探索……而这些困惑不解除，或者用错误的方式教育男孩，很有可能耽误了他的健康成长。

其实，培养男孩的最高目标，就是唤醒男孩自我成长的内在动机与力量，让男孩拥有强大的自驱力，从而自觉主动、自动自发地成长，最终成为自驱型成长的男孩。正如著名教育家叶圣陶所言，"教是为了不教"。当然，这不仅需要时间，更需要有效的教育方法。

所以，我特别希望把自己多年来的男孩教育研究理论和实践，形成一套比较系统的、完备的，同时也更落地的教育方法，以帮助更多的男孩家长，于是就有了这本书。

那么，这套方法能帮你解决哪些男孩养育的实际问题呢？

除了前面我讲的那些，还比如，与女孩相比，男孩都有哪些独有的心理特点与成长规律？男孩与女孩教养的方式有哪些不同？怎样避免走入教育男孩的各种误区？如何引导男孩爱上学习？怎样培养男孩的情绪自控力？如何提升男孩的抗挫折能力？……只要是你关心的、你困惑的、你难以解决的教育男孩的问题，我在这本书中都会涉及，我会尽最大努力满足你教育男孩的需要。

本书有六章，涉及男孩养育的六大内容：第一，认识男孩成长的特有规律，这是培养"自驱型成长"男孩的理论基础；第二，掌握正面沟通技巧，改善亲子关系，提升男孩的内驱力；第三，发掘男孩的潜能，让他的学习从"被推"到"自推"；第四，教男孩学会情绪管理，让他能自控、会自控，培养他的高情商；第五，对男孩进行抗挫训练，激发他不畏惧、迎难而上的潜动力；第六，父母要扮演好各自角色，为男孩营造自动自发成长的软环境。

就第一章而言，我首先讲的是男孩成长的三大关键阶段，分别是幼儿期、儿童期和青春期，都需要哪些不同的养育方式，这一节是0~18岁男孩的教育贯通课；接下来又分别讲了男孩的Y染色体、睾丸素、大脑发育以及探索欲望，分别对应男孩女孩的性别差异、男孩喜欢打架争吵的原因、男孩为什么比女孩开窍晚，以及为什么男孩总爱搞破坏等几个特别让男孩家长困惑的问题，可谓是开篇就破解了男孩养育的难题。通过这一章的学习，很多家长将会对自家男孩的成长表现有一种豁然开朗、大彻大悟的感觉，甚至从心底里会感觉，这本书看得有点晚了，相见恨晚。没关系！我经常跟家长朋友强调一个16字诀——没有最晚，只有更晚，当下开始，不算太晚。希望这个16字诀也能让你心安一点。

与男孩的沟通，也是一大难题，需要智慧。所以，我在第二章中就专门讲这方面的内容，内容涉及如何站在男孩的角度思考问题，如何应对男孩的自控力缺乏、拖拉磨蹭，怎样管教沉迷网络游戏的男孩，怎样敞开心扉把话说到男孩心里去，以及如何有效批评男孩。话说错了，不如不说，说对了，才能让男孩心服口服，才能皆大欢喜。这一章内容意在改善亲子关系，因为提升男孩的内驱力、唤醒内在动机，离不开好的亲子关系。

接下来，我又分别从培养男孩的智商、情商和逆商三大方面，讲述了如何挖掘男孩的学习潜能、实现个性发展、进行挫折教育，使其学习可以"自推"，情绪可以自控，遇挫可以自励。最后一章强调的是父母的角色，为男孩营造自动自发成长的软环境，其实说的是，父母怎样做，怎样完善自己，成为"自驱型成长"的父母，才会对男孩的养育及他的自驱型成长起到更高效的引领、示范与教育作用。正所谓，"教儿教女先教自己"，只有父母先把自己教好了，能给男孩处处率先垂范、以身作则，再教他就会容易很多。

这本书的章与章之间，逻辑关系紧密；每个章节之下所讲述的细节内容，也是当前家长培育有自驱力男孩亟需学习和实践的。这本书既有西方的先进的心理学理念，也有中国传统的教育智慧及当代科学家庭教育方法，可谓中西合璧、古今融通，值得品读。

总之，这是一本能够解决男孩养育难题的书，是一本能激发男孩自驱力、激励他自动自发成长的书。你所关心的，无论是男孩的心理、生理问题，还是男孩的学习问题、情感发展，品行人格、吃苦精神、生存能力、危机意识培养，以及亲子沟通技巧、家庭软环境营造、父母的成长与合力教育等教育难题，都能从这本书中找到你需要的答案。

本书以独特的视角，解读了男孩培养的真谛，从理论到实操，全方位教你如何培养自驱型成长的男孩，如何把男孩养育成一个男子汉、一个了不起的人。我相信，书中养育男孩的理念、方法与实用工具，你一定会读得懂、学得会、用得灵，从而让培养自驱型成长的男孩这件事变得轻松、有趣。

目 录 ——

第六章 父母角色：
为男孩营造自动自发成长的软环境

1

培养基础：
认识男孩"自驱型成长"
的特有规律

养育关键：
男孩三大关键期的养育要点是什么？

每个孩子都有成长关键期，男孩也不例外。在男孩的每个成长关键期，都有着不同的养育要点，我们要了解、认识、用好这些养育要点，做好男孩成长关键期的养育。

一般来说，男孩的成长可以分为三个阶段，也就是三大关键期。第一阶段：从出生到 6 岁，是幼儿期，也是男孩的纯真时代；第二阶段，从 7 岁到 13 岁，是少年儿童期，也是男孩的转变时代；第三阶段，从 14 岁到成年，是青春期，也是男孩的青春时代。

在每一个阶段，男孩的生理和心理都会呈现出不同的状态，表现也不尽相同。所以，我们对他的教育也有所不同：要以他的身心特点为标准，而不是以我们的喜好和经验为标准。为了更好地教育男孩，我们就要对男孩各个阶段的身心状态有一定的了解，这样才能因材施教，让男孩顺利成长。下面，我详细讲一下男孩的这三大关键成长阶段。

第一阶段：纯真时代——0 ~ 6 岁，男孩特别需要妈妈的呵护。

从出生到 6 岁，是男孩人生的最初阶段。在这个阶段，男孩要度过婴儿期、幼儿期、童年早期。男孩最需要与父母尤其是妈妈形成一种特殊的亲密关系。当他还在襁褓中时，他需要妈妈温暖的怀抱和柔声细语；当他蹒跚学步时，他需要妈妈的耐心引领和细心保护；当他想要玩耍时，他需要妈妈的陪伴，更需要妈妈的拥抱与爱抚。这个阶段，如果我们跟男孩亲密相处，对他呵护备至，就会有利于他的身心发育。

比如，如果我们乐观开朗、品行端正，而且知识渊博，那么我们对待男孩的态度也会更有理性，更愿意教他学知识，更愿意培养他的优秀品质。而男孩与我们在一起，就会模仿我们，他会变得乐观开朗，有良好的品性，也会更乐于从我们这里探求更多的知识。而且，男孩也会从我们的关心爱护中感受到一种安全感。

可以说，男孩 6 岁前这个阶段是身体发育、智力发展、情感发育和性格形成的最重要阶段，我们要给他足够的关爱、呵护和引导。

具体来说，有四点需要重点注意一下：

第一，养育为先，教育次之。

我们应该了解婴幼儿的体质，依照科学的方法打理他的衣食住行，防止他的身体发育受到不利影响。比如，我们通常会让男孩吃得很饱、穿得很暖，但是，从中医角度讲，婴幼儿时期的孩子是纯阳体质，脾胃比较虚弱，应该吃七分饱、穿七分暖，这也应了那句老话："若要小儿安，三分饥与寒"。因为吃得过饱、穿得过暖反而容易使孩子生病。所以，了解男孩在这个时期的生理状况是非常重要的。

第二，给予男孩足够且恰当的关注。

从心理发展角度讲，这个时期的男孩特别喜欢依赖大人，对常常照顾他的人充满信任和依恋，如果这个人一旦离开他的生活，他会变得焦躁不安，这种情绪会影响他性格的形成。"这个人"不是别人，更多的是指妈妈。

但生活中，有的妈妈认为，对男孩不必过多关注，这样男孩才能坚强起来。于是，她就会收起对男孩的爱。这种想法和做法都是不妥的。实际上，在男孩 6 岁前，我们一定要给予他足够的关注。比如，男孩对触觉体验十分敏感，那么我们就要多给予他拥抱、抚摸，在他面前我们多一些微笑，多和他说一些简单的表达爱的话语。

当然，要适度，要讲求理性，不能由爱变成溺爱。

第三，男孩 3 岁前，尽量不把他送到幼儿园。

有一位妈妈为了早日回到工作岗位，把 1 岁半的儿子送到了幼儿园。结果，儿子在幼儿园非常调皮，整天大吵大闹要回家。可回家后，又吵着回幼儿园。现在已经 3 岁了，总是欺负别的孩子，让这位妈妈很头疼。

分析一下，这是什么原因呢？我想，这与分离焦虑有关，是严重的分离焦虑导致了男孩的暴力倾向。

这位妈妈很后悔，说："如果给我一个重新选择的机会，即便家里条件再苦，我也宁愿自己带儿了。"

这样的后悔，不是没有道理的。

澳大利亚儿童教育家史蒂夫·比杜尔夫（Steve Biddulph）曾经说："把年龄不足 3 岁的孩子交给托儿所，将会增加损害他们正常心理发育的危险。"的确，过早地把男孩送到幼儿园，很可能会产生分离焦虑，他认为父母不要他了，有被抛弃感，所以就会烦躁，甚至去攻击别的小朋友。

所以，在男孩 3 岁前，我们要尽量陪在他身边，和他一起玩耍。

最后，注意与男孩的相处方式。

和 0～6 岁的男孩相处，并不是在单纯地逗他开心，也要把握好相处的方式。6 岁前的男孩是通过"感官"来感觉周围世界的，他的感觉器官会灵敏地捕捉到妈妈的情绪变化，并受其影响形成特定的性格。正如奥地利社会哲学家鲁道夫·斯坦纳所说："如果孩子成长中是跟着一个易怒的人，那他全身的脉管系统就会随着易怒的倾向而成长。"这说明，男孩在6 岁前就会基本形成与父母相似的脾气和性格。所以，我们要保持温柔的态度，包容他的调皮行为，对他少一些训斥；要控制住情绪，不要把怒气撒到男孩身上；可以陪他一起做游戏，但不要总想着教他学什么；而且不要给他讲太多大道理，因为这时他的逻辑思维能力还有待发展，我们的大道理他不一定能听得进去。

第二阶段：转变时代——7~13 岁，男孩更需要爸爸的陪伴。

6 岁前，男孩更渴望得到妈妈的爱；可到了 6 岁后，男孩关注的目标会从妈妈转向爸爸。因为这时的男孩开始想要做一个男子汉了。而离他最近的男子汉就是爸爸。所以，做爸爸的不要忽视这个阶段男孩的这种心理需求，不然以后可能就有你后悔的时候。

一位爸爸这样说："我 10 岁的儿子一点儿也不像个男孩，腼腆、害羞、胆子小。家里来客人，我让他跟客人打个招呼，他得扭捏半天，脸憋得通红，声音也非常小。我很着急，可他妈妈却还说这样的儿子听话省心，但我总觉得男孩还是要有男孩的样子。"

后来，经过咨询发现，原来，这位爸爸平时跟儿子的交流互动极少，也不跟儿子一起玩耍。他只关注儿子的学习，一出错就呵斥甚至打骂儿子。现在，他很后悔，他说："早知道这样，我就该多和儿子接触，哪怕陪他一起淘气呢！"

谁说不是呢！研究表明，男孩在 7 ~ 13 岁更需要爸爸的陪伴，所以，爸爸一定要多陪伴他，这样他才有可能受到男子汉气概的熏陶。与此同时，爸爸也要减少在外面的应酬。因为最需要"应酬"的应该是家里的那个男孩，要享受与男孩在一起的时光，跟他聊聊天，做做运动，甚至一起做家务，而不要因为一点小事就去训斥他、指责他。

第三阶段：青春时代——14 岁之后，关注男孩的情感与心理。

14 岁左右，男孩开始进入青春期。这一时期，有越来越多的男孩却不会表达自己的情感，甚至隐藏起自己的真实情感；还有一些男孩更容易变得情绪失控，甚至有暴力倾向。为什么会这样呢？有两点原因，一是我们总希望他能表现出男子汉的一面来，所以就阻止他进行正常的情感表达，比如，我们会阻止他哭泣；二是我们漠视他的情感与心理，从而导致他的情感发展遇到阻碍。

在心理学有一个名词叫"神入"，它源自希腊语，意思是心领神会、情感互通。"神入"被看作是一个人情感健康的重要标志。我们都希望男孩能成长为一个可以体谅他人情感的人，也就是希望他有健康的"神入"能力。而要做到这一点，首先就要理解并关注男孩的情感，鼓励、引导他善于把自己的情感表达出来。当我们能与男孩进行心灵沟通时，他也能从我们这里得到神入的真谛，他的"神入"能力才可能有所发展。

所以，我们要对男孩的情感与心理投入更多的关注。平时，在不打扰他的情况下，多留意他的情绪变化。无论他是喜悦、兴奋，还是愤怒、悲伤，我们都要引导他表现出来。比如，允许他为自己的好成绩欢呼，允许他因为受到委屈而哭泣，等等。面对他情绪的变化，我们可以用语言或行动来表达认同与理解。比如，可以拍拍他的肩膀，告诉他，"我理解你现在的感受，确实很难过"；或者什么都不说，就耐心地、安静地听男孩倾诉；等等。

因为 14 岁以后的男孩比较敏感，所以，我们要尽量少对他说教，不要一说话就说学习的事儿。也可以找机会跟他心平气和地聊一聊他的心理困惑，比如身体发育方面的、与异性相处方面的，等等。

　　总之，我们要理性看待这一时期的男孩，同时也要教他学会理性。我们要把正确的价值观告诉他，教他学会辨别善恶、美丑，引导他成为一个身心健康的男子汉。

Y 染色体：
性别差异到底是怎样产生的？

说到人的性别，我们就不能不提到染色体。对于染色体，我们可能都不陌生，它是人体遗传物质的载体。人体的每个细胞内都有 23 对染色体，也就是 46 条染色体，包括 22 对常染色体和 1 对性染色体。男孩与女孩的常染色体是一样的，都是 X，但性染色体是不同的，有 X 也有 Y，正是性染色体决定了孩子的性别。

男孩的性染色体组成是 XY，而女孩的性染色体组成是 XX。

也就是说，孩子是男孩还是女孩，主要取决于性染色体，如果是 X 染色体与 Y 染色体结合，那生出来的就是男孩；如果是两条 X 染色体结合，那生出来的就是女孩。

所以，尽管我们经常听到有的孕妈妈说："我希望生个女孩"，或者"我想要个男孩"，但这只能是一种愿望。因为在受孕的那一刻，孩子的性别就已经确定了。

Y 染色体决定了孩子的性别为男性，Y 染色体是男孩独有的，女孩是没有的。

我们千万不要小看 Y 染色体，它不仅代表孩子的性别，还揭示了男孩独有的秘密，甚至决定了男孩一生的成长轨迹。因为，正是由于 Y 染色体的存在，男孩才表现出很多不同于女孩的特性，如爱冒险、具有攻击性、爱搞破坏、喜欢竞争等。

为了更好地展现男孩的成长轨迹，Y 染色体还有一个得力的"助手"——睾丸素。在睾丸素的"帮助"下，Y 染色体先将婴儿的胚胎转为男性，然后再使其发育成一个男孩，同时赋予其第二性征，最后使他成长为成熟的男性。

此外，Y 染色体还揭示了男孩独有的另一个秘密。什么秘密？下面我就重点讲一讲。

在传统观念中，很多人都认为男孩是一个家族的命脉，这种观念有没有道理呢？研究表明，Y 染色体上的基因只能由亲代中的雄性传递给子代中的雄性，也就是由父亲传递给儿子，并且是传男不传女。因此，在一个家族里，所有男性的 Y 染色体都是一样的。由此看来，Y 染色体不但是延续家族命脉的代表，更像是一个族谱，可以分辨出不同的族群。

Y 染色体的这个特点，对我们的启示应该是，我们在教育这个带有 Y 染色体的男孩时，一定要考虑到，这个男孩绝不是我们个人的儿子，而是整个家族的希望。我们能不能把他教育好，决定着整个家族的兴亡，这个责任实在是太重大了！所以，我们想办法把他教育好，让男孩用他的 Y 染色体把他所具备的优良品质特性传承下去。

具体来说，应该怎么做呢？

第一，通过"生长基因"鼓励男孩自强不息。

有一组数据值得我们关注。根据英国一项研究显示，男人的平均身高在 174.4 厘米，而女人的平均身高则是 162.2 厘米。也就是说，男人的平均身高比要女人高 12 厘米左右，而生物学家研究发现：Y 染色体上包含着增加身高的"生长基因"。

我们通常用"顶天立地"来形容男性，这是不是与 Y 染色体上有"生长基因"有一定关联呢？我想可以这么认为。换句话说，男孩注定要比女孩高大，所以要承载起更多的家庭责任和社会责任。所以，我们平时可以告诉男孩："从科学角度，Y 染色体让你更高大，所以你要学会自立自强，早日成长为一个顶天立地的男子汉。"以此鼓励男孩自强不息。

第二，要对男孩某些时候的脆弱表示理解。

在生活中，我们不难发现，无论是男孩还是男人总有特别脆弱的一面。

也就是说，并不是所有的男孩都表现得那么勇敢。一位妈妈就很烦恼地说：

我儿子 5 岁了，本来这个年龄的小男孩应该是乱跑、乱闹、折腾成一团的。男孩不就该那样吗？可我儿子不是，他安静得让我惊讶。平时拿东西也翘着小手指，说话也细声细气，从来不和别的小男孩玩打仗的游戏，却爱跟小女孩玩"过家家"的游戏，而且还总争着在游戏里当妈妈，一点小事就哭……看到他这个样子，我愁死了！

我想，这位妈妈的担心并不是个别现象。曾有心理学家对一所小学的男生做了一次调查，结果发现，在这所小学竟然有 1/10 的男孩表现得不像男子汉，他们普遍被人称为"娘娘腔"。为什么会这样？难道是男孩子的 Y 染色体出问题了吗？

当然我们不能随意下这样的定论。但大量科学研究表明，Y 染色体在长达约 3 亿年的进化过程中一直在变小，所含的基因也在减少，所以被认为是非常脆弱的染色体。那么，男孩比较容易受到伤害，看上去也会有不同程度的"恋母情结"。因此，男孩特别需要得到母亲的照顾和关怀。所以，除了让男孩吃饱穿暖之外，我们还要重视他的精神需要，多与他保持良好的沟通，多关心、理解他，让脆弱的 Y 染色体因感受到爱和温暖而不再脆弱。

第三，了解男孩性别认同的发展过程。

性别认同，是指一个人对自己是男是女的生理、心理和社会身份的认同与确定。一般来说，男孩最早从一岁半开始，一直到两三岁时，就有了初步的性别意识，他可以通过观察周围人的服饰、发型、外貌等特点分辨出人的性别。

虽然男孩很早就有了基本的性别意识，但他仍然会对自己的性别感到迷茫。比如，男孩因为表演节目而被打扮成女孩，要化妆，还要穿裙子，那么他可能就会有疑问：我还是男孩吗？我会不会变成女孩呢？而如果他发现爸爸妈妈对他女孩的打扮感到很开心，他就会认为只有这样爸爸妈妈才会喜欢他。这样，就容易导致他发生性别混乱。在这一时期，如果男孩能够很好地认同自己的性别。那么，等他到五六岁时，就会形成一种稳定并持久的性别认同。只要没有特殊的情况，男孩对自己的性别认同会随着他年龄的增长一直延续下去。

第四，重视对男孩进行性别教育。

其实，性别既不是完全与生俱来的，也不是完全由后天决定的。先天的生理特征有男女之分，后天的某些因素也会对男孩产生影响。如果我们对男孩的教养方式不恰当，或者没有及时对他进行性别教育，那就有可能导致他体内的 Y 染色体和雄性激素失去它们应该发挥的作用，从而使他对自己的性别产生错误的认知。

英国《每日邮报》曾报道说，位于英格兰中部的伍斯特市，一个10岁的男孩从小就喜欢在家里穿戴女孩的衣服和饰品。一开始父母并没在意，他们都认为，等他长大后自然就好了。然而，事情并没有这么简单。后来，男孩的"怪癖"在学校流传开来，周围人都用别样的眼光看他。于是，父母带他去儿童医院检查，他被诊断患有性别焦虑症。

什么是性别焦虑症？其实这是一种精神疾病，就是一个人在心理上无法认同自己与生俱来的性别，并相信自己应该属于另一种性别。这也在提醒我们，虽然 Y 染色体决定了男孩的性别，但是我们也要对他进行性别教育，让他对自己的性别有更深入的了解。

首先，要把男孩当男孩养，不要把他当女孩养。一方面，不要给男孩穿裙子、涂指甲油、化妆等，而是让他在穿衣打扮上有个男孩样；另一方面，对于男孩玩的玩具、用的东西，都尽量男性化一些，比如，让他玩机器人、手枪、坦克等玩具，而不是布娃娃、毛绒熊、芭比娃娃、白雪公主等。另外，做爸爸的要多陪伴男孩，要把男性角色最大限度地展现给他，从而让他感受到爸爸身上散发的男子汉气概。

其次，让男孩体内的 Y 染色体发挥作用。由于 Y 染色体的存在，男孩喜欢去探索、去冒险。那么，我们就在保证男孩安全的情况下，鼓励他做自己喜欢的、感兴趣的事。

最后，教男孩认识身体的器官。男孩三四岁时，会经历一个性别敏感期，我们要教他认识身体器官。当男孩对性别、性器官有疑问的时候，我们也要以坦诚的态度来回答他。比如，男孩可能会问："为什么我有小鸡鸡，有的小朋友就没有呢？"这时候，我们要坦诚地回答："因为你是男孩，男孩就是要有小鸡鸡的呀！"我们也可以选择一些贴近男孩心理的图片或动画片，让他从中了解有关性别的常识。

另外，我们可以学着给事物加上性别的"帽子"，比如，告诉他，"这是一本男孩看的书"，或者说"你是男孩子，所以要多照顾妈妈，多帮她做些事"，等等。这样就能强化男孩的性别意识，鼓励他培养男子汉气概。

睾丸激素：
为什么男孩喜欢打架、喜欢争吵？

生活中，很多父母都会嘱咐男孩，不要跟别人打架啊，同学之间要好好相处，不能一言不合就出拳头。话虽然是这么说的，但男孩却不一定会听。所以，一些男孩总是会惹出各种各样的事端，甚至做家长的，三天两头被老师叫到学校去挨批。

时间长了，很多父母就会无奈地认定一个事实，那就是男孩很容易冲动，爱打个小架，爱跟人吵吵几句。你可能不禁要问了，这到底是为什么呢？为什么男孩喜欢打架、争吵？

对这个问题，你可能也有自己的见解，比如你可能会认为"男孩就是调皮，天生就这样"，如果你这么想，那么我可能还要给你点个赞，你的理解方向是对的。其实不光是你这么认为，大部分父母可能都是这么认为的，就是觉得男孩"天生就容易冲动"——好斗，有攻击性，这是天生的。确实，是天生的。但背后的逻辑是什么呢？

也就是说，男孩之所以对打架、争吵这么"热衷"，不是某个个体后天习得的特性，而是一个群体先天就具有的共性。但这背后的逻辑是什么呢？是什么原因导致的呢？我想，了解这一点是非常关键的。

实际上，男孩好斗，有攻击性，或者说爱打架，与他的生理发育有着紧密的联系，是他体内睾丸素在发挥作用。

这一点，曾有生物学家做过实验：

这位生物学家找来一只瘦小、体力衰弱的猴子，按照猴子世界的等级来看，它不过是最为弱小的一只。生物学家给这只瘦弱的猴子注射了一小滴睾丸素之后，一个很奇怪的现象发生了：这只弱小的猴子竟然跑去向健壮魁梧的猴王挑战，要与之决斗以争夺王位。更令人意外的是，它竟然毫不畏惧，居然在决斗中取得了胜利，顺利当上了新猴王。

不过，没过多长时间，这只猴子体内的睾丸素就慢慢失去了作用。结果，它又变回了那个瘦小、衰弱的猴子，最终被赶下了王位。

通过这个实验，生物学家得出这样一个结论：睾丸素有着令人难以置信的力量。

我们先来认识一下睾丸素。睾丸素又称睾酮，是一种类固醇荷尔蒙，是由男性的睾丸或女性的卵巢及肾上腺分泌的。据统计，成年男性分泌的睾丸素含量是成年女性分泌量的 20 倍。也就是说，无论男女，身体里都有睾丸素，只是性别不同、含量不同而已。男孩身上的雄性激素就是睾丸素，睾丸素能促使男孩表现出男性的特征——除了生理特征之外，还有好动、好竞争、敢冒险，渴望成为最强壮、最勇敢、最坚强的男子汉等心理特征，对男孩的生长发育、发展有着至关重要的作用。

男孩出生后，伴随着成长，睾丸素在不同年龄段也会有不同的含量，正是因为睾丸素的存在，才使得他表现得那么冲动。

睾丸素有 5 个高峰期：

第一个高峰期在胎儿期。

当男孩还是胎儿时，他体内的睾丸素就开始形成了。由于这种雄性激素的存在，他的男性特征开始有所显现；随着睾丸素分泌得越来越多，他的男性特征也会进一步呈现。

第二个高峰期在婴儿期。

男孩刚出生时，体内睾丸素的含量几乎等同于12岁男孩体内睾丸素的含量，因为他要靠这些激素来刺激继续发育。几个月后，他体内的睾丸素含量会下降到刚出生时的1/15；一直到他蹒跚学步的时候，男孩体内的睾丸素含量一直都比较低。

第三个高峰期在幼儿期。

4岁左右，男孩体内的睾丸素激增，含量会达到之前的两倍，这时候他会显得比之前更活泼好动，开始调皮，这其实就是他体内的睾丸素正在发挥作用，他的精力需要获得一个发泄口。所以这一阶段的男孩更偏好冒险、怪物、英雄，也会开始喜欢刀枪、棍棒一类的玩具，动不动就说自己是"超人"、是"英雄"，幻想自己拥有超能力，可以拯救世界。

第四个高峰期在少年期。

11～13岁，男孩体内的睾丸素水平再次剧增，达到幼儿期的8倍，并在14岁时达到最高值。这一阶段的男孩在激素的刺激下会出现发育过快的情况，四肢、身量都在长，大脑神经发育也随之加快，所以，这一阶段的男孩往往表现为反应有些慢，做事没有计划，生活一团糟，会有强烈的性意识，很容易暴躁不安。

第五个高峰期在青年期。

二十四五岁时，男孩体内的睾丸素含量依然很高，但经历过青春期的调整，他已经可以很好地控制自我。这时睾丸素会促使他将精力放在更积极的事物之上，他会变得有目标、喜欢竞争、拥有较强的创造力。直到40岁，他的睾丸素才开始下降。

从这五个高峰期我们就能发现，男孩在幼儿期、少年期时，睾丸素的高峰期会导致他有大量亟须发泄的精力，很容易选择用暴力解决问题。当然，还会有其他各种各样的表现，比如对新鲜事物充满好奇，并试图探索；喜欢把玩具拆了又装，装了又拆；总是不断地追逐、打闹；常常拿着玩具枪，甚至是小棍"攻击"周围的人；喜欢登高、爬树、奔跑；爱冒险……

除了自身的生理因素，男孩生活的环境，也会促使睾丸素的含量在原有基础上发生变化。比如，如果父母或老师，没有给予男孩足够的安全感，没有给他积极正确的引导，那么他就会选择用暴力来掩盖自己的恐惧，并借助暴力的强弱来决定秩序；还有就是如果男孩身处在一个充满混乱的环境中，他体内的睾丸素含量也会上升，就会出现"连续捣蛋"的现象。

以上就是对睾丸素的介绍，看到这里，有人会松一口气，认为"既然男孩天生就这样，那就顺其自然吧"！我要说的是，最好不要这样想。男孩与生俱来的睾丸素会让他容易冲动、好斗，这一点，尽管我们要理解，但显然，也不能就这么放任他因为一点小事就去跟别人打架，去跟别人吵。所以要管，怎么管呢？

我曾经看到过这样一幕：

一个小男孩在放学的时候，被妈妈很大声、很严厉地训斥，原因是小男孩随便打人。原来，在小男孩的班级，每天中午老师会要求写一些练习，要求是"不写完老师布置的任务，就不能出去活动"，但小男孩每次都写不完就想跑，班长总是拦着他不让他跑，结果小男孩每次都被拦，就非常生气，连着好几天都打了班长。班长的妈妈向老师反映了情况，小男孩的妈妈得知后，就当着老师和同学的面狠狠地训斥了他。

这样的训斥有效果吗？当时有。小男孩态度很好，满怀愧疚地向班长道歉，并说"以后我再也不打人了"。但以后是不是真的会照做呢？我想，不一定。为什么？因为男孩体内的睾丸素会"指挥"他继续试图用暴力去解决问题。所以，当时的训斥很可能只会管一时。

这就需要我们想更实用的办法来解决这个问题，下面我讲四个方法：

第一，对男孩多表达关爱和鼓励。

很多父母认为，正因为男孩总是爱打架、易冲动，所以我才会严厉对待他。可实际情况也可能恰恰相反，也许正是我们总是对他可能出现的暴力行为严阵以待，动不动就训他、吼他，所以，他才会变得越发易怒。

孩子的问题很多时候其实都是家长的问题，所以先改变我们自己，从自身做起去改善男孩身边的生活及学习环境，可能会让他这种容易冲动、容易爆发的概率降低许多。

所以，平时我们要多关注男孩好的表现，肯定他做的积极正向的努力，不管是在哪方面做出了成绩，都给他明确的赞赏和鼓励。当我们能够给男孩足够的安全感，这其实也是在用我们的平静、温暖来帮助男孩冷却不断"沸腾"的情绪。

第二，提醒做爸爸的要发挥重要的作用。

男孩现在所经历的事情，我们做爸爸的都曾经有过亲身经历，所以要说怎么样去理解男孩、怎么样给男孩更好的建议，我们可能是最合适的人选。

当然，前提是爸爸也要对这方面有所了解，所以如果是妈妈在认真学习怎么教育男孩，学到这部分生理方面的内容时，最好也能叫上爸爸一起学，让爸爸也能回顾一下当年自己的经历，对男孩现身说法，拉近与男孩的距离，理解他就是尽可能地站在他的角度去感受他的需要，从而让他更能听进去爸爸的教诲。

当然了，爸爸也要注意自己的表现，不要硬碰硬，不要试图以暴制暴。

第三，允许男孩有情绪，并教他正确处理情绪。

在睾丸素的影响下，男孩选择用暴力来释放情绪，或者是使劲地闹情绪。而每每这时，父母就会训斥他。这其实是有问题的，这里面有两个错误：一是"你不允许男孩有情绪"，希望他能自我控制；二是"你并没有教他怎么去处理情绪，却还训斥他自己释放情绪的方式"，我想，这是没有道理的。你站在制高点上只是发泄了自己的不满，男孩却被要求压抑自我，这样做的结果只能是适得其反。正确的做法是，要接受男孩会有情绪这个事实，然后教他学会合理处理情绪，比如教他转移注意力，教他用深呼吸来平静自我，教他通过做自己感兴趣的事来弥合当时因不良情绪而导致的心灵裂痕，之后再针对具体问题具体分析。

第四，引导男孩合理释放多余的精力。

睾丸素促使男孩亢奋，我们也可以对他进行积极的引导，帮他把精力释放到合适的地方，也就是合理释放多余的精力。当然，这个合理释放，不是任其大喊大叫，摔东西，等等。而是通过合理的引导来教他释放。比如，在男孩喜欢、崇拜英雄的这段时期，多让他看看真正的英雄是什么样的，英雄有哪些特质，让他领会英雄帮助弱者、勇武过人、无私忘我、不畏艰险，为人民利益而英勇奋斗的精神，从而也让男孩变得更有担当、有责任感。

如果再具体引申一下，可以是妈妈适度示弱，做一个弱者，鼓励你家的男子汉来帮助你。比如，在超市买了很多东西，可以鼓励你的"超人"男孩、"英雄"男孩来帮你提，这就能在让他释放多余精力的同时，培养他的担当精神、男子汉气概。

大脑发育：
男孩为什么会比女孩"开窍"晚？

我们先来想象一个场景：一块地面，你往上面倒水，水要渗透到地下可能需要一定的时间，而且水可能会四处乱流，甚至还可能会蒸发掉，无法渗透；但如果你在地面上开一个小洞，那么水就会顺着小洞很快地流下去，可以做到一滴都不浪费。这个小洞用一个字来形容，就叫作"窍"，就是窟窿的意思，那么"开窍"这个词就好理解了，就是"开通孔窍"，放在人身上来看的话，就是"开始长见识，弄懂道理，搞通思想"。

好了，接下来我们说回到孩子身上。

在孩子成长的道路上，我们都希望看到他积极学习、掌握知识，或者用更实际的话来说就是，我们都希望看到他考试的时候能拿一个漂亮的分数。其实，学习这件事，就像前面我们想象的那个向地面倒水的场景一样，知识就好像是水，大脑就好像是地面，想要让水更多、更快地渗透进地面里，就需要一个关键的步骤——"开窍"。如果孩子开窍早，那么他学起东西来就会快；如果孩子开窍晚，那他就可能学得又慢又乱。

可见，孩子之间是存在发展差异的，男孩和女孩之间也会存在性别差异。

比如，我们可能都会发现这样的现象：当一些女孩能滔滔不绝地说话时，同龄的大多数男孩往往只能磕磕巴巴地说话；当一些女孩能拿着水彩笔在纸上有模有样地画画时，同龄的大多数男孩往往还不能灵活地握笔；

等等。于是，一些家有男孩的父母就会有这样的感觉：男孩好像天生就比女孩笨。其实不然，这还是属于所谓"开窍"早晚的问题。

所以，在"开窍"这个问题上，我们就能发现性别差异。具体到"开窍"的速度上，男孩要晚于女孩。这又是什么原因呢？

这个原因就要从人类大脑开始说起了。

我们都知道人类的大脑分为左脑和右脑，左、右脑各有不同的分工，也有各自擅长的方向，左、右脑分工合作，来促使人进行各种活动。

左脑主要负责语言、推理、逻辑、记忆、判断等方面，思维方式具有连续性、延续性、分析性，比较缜密，所以左脑又被称为"意识脑""学术脑""语言脑"。

右脑则主要负责运动、想象、创造、艺术、灵感、情感、时空定位等方面，思维方式具有无序性、跳跃性、直觉性等特点，又被称为"创造脑"。

女孩会先发育左脑，而男孩则先发育右脑。所以，在进入发育阶段时，女孩的逻辑思维能力会率先发育，在语言、学习等方面就会率先发力，而男孩这个时候优先发展情感表达、图形表述、空间、运动等能力，语言、学习等方面就要弱一些。

这种差异在现实生活中很常见。我讲几个小例子。

第一个例子：

小学一年级的一个班里，数学老师每天都会发一张口算练习题，班里就有那么两三个小男孩，对老师发下来的题总是不做，在别的孩子做题的时候，他们就自己玩；但班里的小女孩这种情况就很少，女孩们对于老师发下来的题都很认真地去完成。

第二个例子：

　　小学二年级的一个班里，有一个小男孩会经常性"丢"老师发下来的练习小卷子，当然这个"丢"是带引号的，因为不是真丢了，而是被他撕了。因为他不会做、不想做，所以他就擅自作废了这张卷子，重点是他对自己的这种行为丝毫不觉得有问题。而他的邻居，是他同班的小女孩，各方面表现优秀，小男孩经常被妈妈与邻居小女孩作比较，妈妈希望通过这样的"激励"，让小男孩知道学习。当然，基本没什么效果。

　　这两个例子其实就是从一个侧面反映出，在女孩已经明白"上学""学习"这些事情的时候，男孩对这些概念还并不是很能理解，所以他们更愿意让自己快乐，就去随意玩耍，对学习并没有足够的重视，也就是我们所说的还没有"开窍"。

　　不仅如此，就算是男孩之间也可能会存在开窍时间早晚的差异，所以很多家有男孩的家长对这个问题都会或多或少感到担忧。实际上，绝大多数男孩在正常发育的过程中都会开窍，如果你的男孩看上去好像对学习没太大兴趣，这很可能是暂时的，所以要对男孩有耐心，要给他成长的时间。

　　当然，也可以选择一些合适的方法来进行引导，在不拔苗助长的前提下，来帮助男孩更快"开窍"。具体来说，我们可以这样做：

第一，不拿男孩与女孩作比较，专心关注男孩的发展。

　　我曾听一个男孩的奶奶说："我孙子跟他们班上的小女孩都没法比，人家小女孩读书、写拼音、做数学题，那做得可好了，全对，你再看我孙子，读个书磕磕巴巴的，算题还得掰手指头，这跟人家啊差一大截，以后可怎么办呢？真愁人！"

家里有男孩的家长，对这种焦虑可能很熟悉。但经过前面的介绍，如果你了解了男孩与女孩大脑发育的差异，你就应该意识到，把男孩拿来跟女孩进行比较意义并不大，有那个工夫，还不如把心思放在自家男孩身上，看看怎么能帮他早点开窍。

其实，即便开窍晚，也并不意味着对男孩可以放任自流，很多习惯的养成越早开始越好，当然也包括学习习惯。我们一方面耐心等待，一方面也不要放弃对男孩好习惯的培养，多督促、多帮助他，也就是积极帮他做好准备，等他开窍那一刻到来时，能保证习惯、能力等各种"周边配套行动"都能跟得上。

第二，给男孩树立信心，慢工也可以出细活。

其实在开窍这个问题上，帮男孩树立信心也可以起到一定的促进作用。就像前面提到的那种比较和抱怨，最好不要说，更不要反复强调，尤其是不要总当着男孩的面跟外人说："我家儿子比不上你们家女儿"，"我家儿子真愁人"……倒不如找找男孩不一样的优点，看看他在哪些方面表现得好、有了进步，每当看到他有进步时，就跟上肯定与鼓励，明确告诉他哪里做得好，让他意识到自己也是有优点的，促使他能更愿意主动努力、进步，这不仅会让男孩正视自己，树立起自信心，家长也会对男孩更有信心。

另外还有一点，就是有的男孩的确是比女孩开窍晚，而且晚得太多。可能给人一种感觉：就是怎么也赶不上女孩的学习进度，或者是学习能力、学习成绩等。

其实，我们也不用太担心男孩开窍太晚这件事。曾有研究发现，小学至初中阶段，男孩都可能因为开窍晚而成绩不佳。也就是说，这个时间段可能的确是要漫长一些，这就要求家长先要有耐心，对男孩有信心，想办法去帮助男孩建立信心，从而争取能早日开窍。

第三，帮男孩加快左脑的开发，同时也不放弃右脑的开发。

男孩的左脑发育慢一些，在逻辑方面不是很通透，除了耐心等待他的大脑发育，我们也可以加一些额外的辅助力量，帮助他加快左脑的开发。比如，选择一些可以锻炼左脑的活动，像是读点传统启蒙经典，如《三字经》《千字文》《弟子规》等，甚至一些经典小故事，都可以。如果他不愿意自己读，那我们就跟他一起读，也就是亲子共读。平时我们也要多跟男孩沟通交流，鼓励他多表达自己，多进行一些发散性的思考，让男孩的左脑得到锻炼。

需要注意的是，男孩开始表达时，可能会出现磕巴、表达不清等情况，我们千万不要笑话他，更不要批评、训斥他，而是要鼓励他加油，并很期待地听他说完。总之，就是给男孩积极、正向的回应，从而让他更有成就感，更愿意去努力。

当然，男孩原本已经开始发育的右脑也不要让它闲置，在加强基础知识学习的同时，也可以鼓励男孩发展自己的兴趣爱好、创意想象等等，这些都能让男孩的思维变得更灵活。

我们尤其要注意一点，那就是不要因为男孩和女孩在开窍时间上有早晚，就错误地认为男孩在智商上有什么问题。

英国阿尔斯特大学名誉教授理查德·林恩（Richard Lynn）是智商领域的一位资深研究者，他从 1994 年开始进行了一项长达 20 多年的追踪研究，他一直在跟踪一批孩子的智力成长，研究结论显示：11 岁之前，女孩的平均智商要比男孩高出 1 个点；11 岁到 16 岁之间，男孩的智商飞速发育；16 岁之后，男孩的平均智商则又会比女孩高出 1.8 个点。这样来看的话，男孩和女孩在智商层面上的差距其实是可以忽略不计的。

　　所以说，回到男孩和女孩的开窍问题上，我们不要认为男孩开窍晚是什么了不得的大事，甚至是大问题。性别差异尽管存在，这一点毋庸置疑。但是，科学研究表明，这些差异其实并不是非常明显，所以我们要对男孩有信心。

探索欲望：
为什么男孩总是爱"搞破坏"？

很多父母都有这样的疑问：为什么男孩总是爱"搞破坏"？如果有这样的男孩，应该怎么办？下面我就来解答这些疑问。

的确，跟女孩相比，男孩大多有非常强烈的好奇心。同样是玩玩具，女孩可能就是简单地玩儿，而男孩却会把玩具拆得七零八落。因为，他想知道玩具的结构和工作原理，希望找到更有意思的玩法。于是，男孩对身边能接触到的一切都很感兴趣，并希望好好探索一下。

比如，把玩具拆成一堆零件，再试图改造成另一种玩具；把妈妈的眉笔、口红当画笔用；把鱼缸里的鱼捞出来，看看它离开水会不会死；他会把阳台上的花连根拔起，看看花的根是什么样的；他甚至还想把电视、各种播放器、手机等物品拆开，看看是谁躲在里面说话、唱歌；等等。面对男孩的"破坏"行为，很多父母都被气得"七窍生烟"。

有人就曾经很形象地形容男孩的手，说那就是"破拆机""破壁机""粉碎机""碾压机"……意思是只要是被男孩的手触摸过的东西大部分都会坏掉，有的甚至是面目全非。

一位妈妈对此就深有体会，她提及：

我给 6 岁的儿子准备了一个玩具箱，用来装他的所有玩具，但我敢打包票，他玩具箱里的玩具没有一件是完整的。比如说小汽车，轮子掉了，底盘也拆了；机器人模型，脑袋和身子绝对不属于同一个机器人。除了他自己的玩具，玩具箱里还有坏手表、坏手机、坏刮胡刀……都是被他拆坏的，不能用了，就成了他的玩具。我对他的这种破坏行为真是无奈到了极点。不敢给他买新玩具了，因为只要买了，很快他就又拆了。唉，真头疼！

我想，很多妈妈都和这位妈妈一样，无法忍受男孩这种动不动就搞"破坏"的行为。可是美国教育家、心理学家约翰·安德森（John R. Anderson）却这样解释说："男孩往往有一定的'破坏性'，但他的'破坏性'并不是纯粹的破坏，更多的是一种探索的心理。"也就是说，男孩这种"破坏"行为，其实是他的好奇心在"作怪"，他是想要探索更多的奥秘。

而且，从心理学角度分析，男孩的心理发育比女孩要慢一些，责任感和义务感也比较差，所以他还想不到要为自己的"破坏"行为负责，所以，会不顾后果地去一探究竟。此外，男孩的自控力较差，当他想动手探索某样东西的时候，虽然知道我们会反对他这样做，但在好奇心的强烈驱使下，他还是难以自控，从而做出一些"破坏性"的行为。

可见，男孩的"破坏"行为，是他探索心理的一种表现，也是他创造力的一种体现。通过这种探索，男孩会提升观察能力、动手能力、创新能力。所以，我们要合理满足男孩的探索欲望，并把这种带有探索性的"破坏"行为引向更利于他发展的方面。

下面我讲 5 个具体的方法：

第一，理性对待男孩的"破坏"行为。

面对男孩的各种"破坏"行为，我们一般都会对他加以限制。因为他的破坏力太强了。几乎天天搞"破坏"，乱摔乱扔、乱涂乱画、乱拆乱砸……都是家常便饭。

有的父母就曾非常感慨地说："男孩的破坏力怎么就那么大呢？"

前面我提到过，男孩"破坏"背后隐藏的是探索，但很多父母并没有意识到这一点。面对男孩的"破坏"行为，有的父母会训斥他，甚至是打骂、吼叫："净浪费东西！下次不给你买了！""以后再乱拆东西，我就揍你！"当然，这样的做法短时间内是有效的，因为男孩害怕挨打。可是，这样做，不仅会限制他的探索自由，也会限制他的成长。

著名教育家陶行知曾经说过："你的棍棒之下有瓦特，你的冷眼里有牛顿，你的讥笑中有爱迪生。"这句话说得非常有道理。

那我们再回过头来想一想，男孩为什么那么爱拆东西？就是因为他好奇，他想要知道那些东西神奇表象的背后到底有什么。比如，他拆了玩具小汽车的车门，可能就是想看看里面的构造；他折断了飞机的翅膀，也许就是想看看没有翅膀的飞机还能不能飞；弄坏遥控器，可能是想知道里面有什么神奇的远程控制器……

在男孩的心里，压根儿就不会认为自己的行为是在搞"破坏"。所以，他的"拆"往往不带恶意，甚至有时候还是好意。比如，看到闹钟停了，他可能是想去修好它，结果拆开了却装不上了。还有的孩子之所以"拆"东西，可能只是对这个过程感兴趣，他享受的是那个过程，但并没有意识到自己的行为所带来的后果。当然，也有特殊情况，有时候可能是故意的，但他只是想得到我们的关注。注意，虽然是故意，但也不一定是恶意。

所以，对于男孩的"破坏"行为，尤其是在探索期的"破坏"行为，我们应该宽容对待。东西坏了可以再添置，但如果男孩的探索欲因此遭到打压甚至永久消失，那就太得不偿失了。不过，我们也可以告诉他："这些东西都是爸爸妈妈用辛苦挣来的钱买的，弄坏了，我们有点心疼啊！而且你弄坏了，就再也玩不了了。"这会让男孩有所思考，从而避免一些"破坏"行为。

总之，不要太过纠结男孩的"破坏"行为，他正处于探索期，要给他探索的空间，允许他四处探索。但要保证安全，比如，把一些带棱角、坚硬质地的物品和特别贵重的物品放在他接触不到的地方，同时在他活动的范围内，放一些耐摔、柔软的玩具。尽管如此，男孩还是难免会因为不当的探索而受到伤害，对于这一点要淡化处理，不要太夸张地叮嘱或训斥，更不能转移责任，避免打地板、打桌子等，但要告诉他怎样做才能避免受到伤害。

第二，尽可能为爱探索的男孩提供帮助。

我讲一个故事：有一个 6 岁男孩喜欢捣鼓各种拼装玩具，尤其喜欢拼装小机器人。于是，爸爸就专门送给他一个小工具箱，里面放着各种各样的小工具，以方便他随时拆装。只要男孩能够拼装成功，爸爸就会奖励他一个难度更大的拼装玩具。如果男孩一时没有拼装上来，爸爸就会引导他按照说明书来拼装，鼓励他继续尝试。

这位爸爸不仅满足了男孩探索的欲望，还给他提供支持和帮助。这样一来，男孩的动手能力和观察能力都得到了提升。

所以，对于男孩出于好奇心或探索心理的"破坏"行为，我们既要理解，还要给予支持和帮助。比如，可以给他购买一些能够随意改变形状的、可拆装的玩具，让他随意拆装、组合；可以给他买书，或者是引导他通过网络学习，了解基本的机械拆装原理；也可以带他参观科技馆、博物馆、天文馆等，了解科技、地理、天文等方面的知识；还可以专门带他到工厂看看专业人员是如何组装零部件的；等等。当男孩从中学习到相应的知识，再加上动手实践，没准儿真能从"破坏大王"变成"小工程师""小发明家"。

第三，我们也可以跟男孩一起探索。

日本中松义郎的外祖父非常喜欢机械，常把家里带机械构造的东西拆得七零八落，然后再一一组装起来给他看。在外祖父的影响下，中松义郎也对机械产生了很大的兴趣，并频频开始拆卸各种机械。长大后，中松义郎成为一名发明家，有3200多项发明，曾15次在纽约世界发明竞赛中荣获最高奖，被称为"世界发明大王"。

中松义郎从小就是和外祖父一起进行探索的，当然，也少不了一起"搞破坏"，但一个大发明家却就此诞生了。所以，当男孩开始拆卸物品的时候，我们可以参与进来和他一起探索。加入男孩的"破坏"行为，我们就会发现拆装机械的乐趣，也会理解男孩在"破坏"中的成长。也就是说，我们就能体会到男孩的心理。而我们这种态度，也会让他感到放松。

所以，当看到男孩又在拆东西时，我们不要大呼小叫，而是也尝试着加入到他的这种行为中去，可以设计几个问题，引导他去思考。这样做，其实就是对男孩探索精神的一种肯定、鼓励与支持，同时也保护了他的好奇心。

第四，把"专业人士"介绍给男孩。

如果我们有搞机械的朋友，一定要引荐给男孩，或者邀请朋友亲临"现场"指导，让男孩在专业人士的指导下进行探索。如果没有类似的朋友，我们也可以通过书籍或网络学习相关常识，把基本的机械拆装原理告诉男孩。当然，这个任务最好是男性来做，因为我们对机械的敏感度比女性强，指导起来也会得心应手。

第五，给男孩提供做"小维修工"的机会。

既然男孩喜欢动手探索，喜欢拆装机械，我们完全可以借此让他成为家里的"小维修工"。比如，马桶一直流水，门把手坏了，某个物件的螺丝松了，哪个零件丢了，锁生锈了……我们就可以把维修任务交给男孩。必要时，我们可以给他一些指导。当然，要保证他的安全，太复杂的维修还是要找专业人士来做。也就是说，要根据具体情况让男孩参与维修。这样做，不仅可以让男孩的探索欲得到进一步提升，还可以培养他的家庭责任感。

2

正面沟通：
改善亲子关系，提升男孩的内驱力

同理共情：
怎样站在男孩的角度考虑问题呢？

开门见山，我先讲一下什么是同理共情，这是心理学上的两个概念，"同理"是一个概念，"共情"是另一个概念。那为什么我把这两个概念糅合到一起了呢？这个问题先搁置一下，我先挨个讲这两个概念。

先讲同理，就是设身处地以对方的立场去体会对方的心境（当事人的感觉、需要、痛苦等）的心理历程，实际上也就是同理心。个人的同理心要形成，需要两个条件：一是"感人之所感"，二是"知人之所感"，前者靠的是个人的生活体验，属于情感成分；后者靠的是个人的认知能力，属于理性成分。同理心，也是美国人本主义心理学家罗杰斯（Rogers）在20世纪80年代所倡导的当事人中心治疗法的三大要素（真诚、同理、尊重）之一。

共情是什么呢？共情，也是一个外来心理学概念，也被译作"神入"、同感、同理心、投情等，也是由人本主义心理学创始人罗杰斯所阐述的概念。

讲到这里，我们应该就明白了，同理和共情其实是一个意思，它们的英文也是同一个单词（empathy），可能唯一的区别就是，在翻译成中文的时候被翻译成了两个不同的词。

好，在概念上我就不多讲了，我重点讲的是怎么用它们来解决男孩的问题。通俗来讲，也就是我们怎样站在男孩的角度、学会设身处地地去考虑问题。做到这一点，我们就能对男孩的情绪感同身受，就会让他有一种被理解的感觉。这样，他的情绪、问题，可能就会得到缓解，甚至是迎刃而解。我来举一个例子：

有一个 8 岁男孩一天放学回家后，就把书包一丢，气呼呼地说："今天真是气死我了，李浩把我的玩具弄坏了。"说完，还用脚使劲踢了沙发一脚。

如果这种情况，你会怎么做呢？是不是会呵斥他、严厉地阻止他？可能还会吼叫、打骂他？如果这么做，那孩子的问题就没法解决了。应该怎么做呢？

这个男孩的妈妈没有像我刚才讲的那么做，而是走过去，蹲下来，把男孩轻轻地拉到怀里，抱住了他，一边抚摸着他的后背一边说："嗯，我理解你这种感觉，他把你的玩具弄坏了，我想你一定很难过。"

男孩有点委屈地说："是啊，那个玩具是爸爸送给我的生日礼物，我那么喜欢，被弄坏了！"

妈妈平静地说："我要是你，我也会很难过的。不过，你也不要太难过，我想李浩可能也不是故意的，玩具坏了可以再修一下，或者是买个新的，如果因为这个原因而破坏了与同学之间的友谊就不值得了。而且我们还有别的玩具呢，是不是啊？"

男孩眼圈红了，说："算了，他可能真的不是故意的，我还有好多其他玩具呢！"

一场危机就这样化解了。从心理学角度讲，当男孩受到了委屈或者是心情上产生了波动，他最需要的是得到家长的认同和理解。其实，这位妈妈做的就是同理共情，她站在男孩的立场、角度，设身处地地理解男孩的感受，没有排斥男孩，也没有呵斥男孩，更没有对男孩的言行举止做任何对与错的价值判断。几句话下来，让男孩感受到自己是被妈妈理解的，而且又得到了妈妈的指导，所以才收到了良好的教育效果。

美国教育家塞勒·塞维若（Sal Severe）说过这样一句话："每个人观察、认识问题，都会有自己的视角和立足点。身份、地位不同，所得的结论就不同。父母与子女间的年龄悬殊、身份互异是影响相互沟通的重要原因。若父母能站在孩子的立场思考，一切问题将迎刃而解。"

的确，在教育男孩的问题上，当我们能够尝试换个角度去思考，站在男孩的角度考虑问题，才能在与他的沟通中产生共鸣，才能真实地了解他的想法和需求，才能理解他的所作所为，才能使教育产生良好的效果。而且，这样的处理方式，还能快速拉近我们与男孩的心理距离。那么，我们应该如何去做呢？

第一，努力去体验男孩的内心感受。

男孩受了委屈的时候，一定很难过，如果这时候我们只是轻描淡写地说"没什么""别哭了""烦不烦"……他就会更委屈。因为在他看来，你是你，他是他，你对他完全没有感同身受，跟他是对立的，他就很难从消极情绪中走出来。

两个7岁男孩，小明和小刚，他们是从小玩到大的好朋友。

一天，小明很委屈地跟妈妈说："小刚今天不和我玩儿了。"妈妈问："为什么呢？"小明说："不知道，他今天和别的同学一起玩，都不理我，还让别的同学也不和我玩儿。"

妈妈听了很生气，说："他怎么这样呢？他不和你玩儿，咱们也不和他玩儿！"妈妈话音刚落，小明"哇"得一声哭了起来，边哭边说："我就要和他玩儿！"

任凭妈妈怎么劝说都无济于事。

这个场景，是不是似曾相识？其实，男孩虽然年龄小，但也很珍惜友情，好朋友不和自己玩，也会感到孤独和委屈。像这种情况，我们一定要理解他的感受，哪怕一句"他不跟你玩儿，你一定感到很孤独、很伤心吧！"或者"要是我，我也会像你一样难过的！"类似这些话都可以让男孩感觉到我们是理解他的。可见，面对男孩的消极情绪，我们承认并接受他的感受是第一步。当他冷静下来之后，自己就会找到解决问题的方法。

第二，我们要放弃成人的自我成见（偏见）。

成人有成人的世界，孩子有孩子的思维。但往往由于认知能力不足，社会经验不够，所以孩子"好心办坏事"的情况时有发生。尽管如此，我们也不能强迫孩子以成人的思维思考问题，否则就会引发亲子冲突。我们不妨试着放下成见，用孩子的眼光了解和认识这个世界。

电视剧《大宅门》里的白景琦小的时候在成人看来是出了名的淘气包。有一天，他把家里的安宫牛黄丸都给鱼吃了，结果鱼全都死了。

遇到类似的情况，成人的第一反应就是，这个孩子怎么这么淘气？一气之下，不分青红皂白就把他数落一顿，甚至是打一顿。白景琦的母亲当时就是这么做的。

但是仔细探究一下原因，其实，杀死鱼并不是白景琦的本意，他解释说，因为他爷爷一天没在家，所以鱼会饿，言外之意，是没人喂鱼，所以他只好来喂鱼，而且他认为安宫牛黄丸是好东西，所以希望把好东西给鱼吃。他的心理就是这么简单。

可见，我们真的不要主观臆断孩子的行为，以免误解或冤枉他。当他做错事的时候，我们要弄清楚事情的来龙去脉，给他解释、澄清的机会。

如果他是"好心办了坏事"，我们一定要站在他的角度看问题，肯定他的好心，再感化、引导、纠正他的不妥行为，让他明白是非。人在不同的角度就会看到不同的风景，处在不同的立场就会产生不同的观念，就是这个道理。

第三，任何时候，都不要试图去跟男孩对立。

我想请大家思考一个问题：面对男孩买玩具这件事，你有什么好办法去拒绝吗？当然有。什么办法呢？下面我举例来说明：

有一个男孩想买一个新玩具，被妈妈拒绝了，男孩就开始哭闹。

妈妈心平气和地说："想要的东西得不到，心里肯定很难受，妈妈知道，妈妈理解你的心情。可是我们已经有很多玩具了，你还可以玩儿很久啊！你要知道，天下的玩具太多了，我们不可能买得完的，我们只买对的，只买合适的，妈妈相信你能理解这个道理的，是吗？"

男孩虽然没说什么，但他的情绪明显缓和了下来。

这就是同理共情的作用，就是不跟男孩对立，而是跟他在一起，无论是有形的身体还是无形的精神或思想，让他感觉你是自己人，这也是心理学上所讲的"自己人效应"或者是"同体效应"，这是在人际交往中缩短彼此之间心理距离的一个好方法。通过这种效应，就能在短时间内打破交际双方的心理隔阂，达到交际的顺畅，进而达到交际的目的。我们与男孩的交流，也属于人际交往，所以，这个效应当然也可以很好地发挥作用。

第四，与男孩沟通，不要提前下结论。

我继续通过案例来讲这个问题。

一天，10岁的男孩放学回到家，难过地对妈妈说："这次数学考试，我考得不太好，只考了82分。"

妈妈立即道："82分，怎么这么少呢？最近是怎么回事啊？是不是又贪玩了？以后不许再随便出去玩了，现在马上回屋学习去。"

看到妈妈这样的态度，男孩什么也没有说。其实，他还没来得及告诉妈妈，真实的情况是这次老师出的考卷偏难，班上只有5名同学考了80分以上，他排第三名。

我想，类似的场景也许经常发生在我们身边，当我们与男孩沟通的时候，经常是凭他的只言片语就提前下结论。结果，有时候自己最初的结论与最后的事实是截然不同的，我们难免会冤枉了男孩，就像上面这位妈妈一样。

我们只有不以成人的眼光武断地下结论，才能减少与男孩之间的冲突，才能赢得他的信任和尊重。所以，我们在与男孩沟通时，一定要时刻给自己提个醒——站在他的角度考虑问题，一定要听他把话说完，不要凭借着只言片语就妄下结论。

疏而不堵：
男孩自控能力不足，爱拖拉磨蹭，怎么办？

今天，有很多父母都在为男孩的自控力缺乏、拖拉磨蹭而头疼。一位妈妈就抱怨说：

"我儿子8岁了，上2年级。从小做事就拖拉，每天早上起床我都要叫他五六次，每次叫他，他都说'再睡五分钟'，折腾到最后，实在不能再拖了，才慢吞吞地爬起来；洗漱时玩牙刷、玩毛巾、玩水，有时候要折腾半个小时；吃饭时，一边吃一边发呆；晚上6点半就开始写作业，可是一会儿喝口水，一会儿吃水果，一会儿上厕所……每天都磨蹭到十点钟才把作业写完；考试也拖拉，试卷也做不完……简直愁死了！"

我想这位妈妈的抱怨，你可能也会有同感。的确，遇到这样的男孩确实够让人崩溃的。男孩就像小蜗牛一样，慢慢悠悠，不急不忙，哪怕你急得跺脚，他照样拖拉磨蹭！

生活中，很多男孩做事都缺乏自控力，爱拖拉磨蹭。这对男孩来说是一种不良习惯，容易让他滋生惰性，做什么事都不能按时、及时完成，会磨掉他的斗志，最终会让他的生活变得一团糟。他在学习中也积极不起来，这样，他就很难成长为一个优秀的孩子。而且，他的这种坏毛病还会让他带到成年，从而成为他成功路上的绊脚石。

怎么样让男孩改掉做事拖拉、磨蹭的坏毛病呢？四个字——疏而不堵，其实就是积极疏导，这需要从两大方面下手，一是积极疏导男孩，二是积极疏导我们自己。我想，第一点，你肯定想到了，第二点，估计会让你感觉有点意外。没关系，我们一起学习，打消这个念头。

先讲第一个方面，从男孩的角度来看，不妨通过以下 5 个步骤积极疏导。

第一步：在生活中，与男孩一起认识时间。

男孩时间观念不强，不知道时间意味着什么，是他做事拖拉的主要原因之一，所以，我们要不遗余力地与他一起认识时间。

对小学低年级的男孩来说，虽然数学课上已经学了钟表、时间，但那还只停留在书上，他还做不到生活化，所以，要帮他把钟表从书上拿下来。有两种处理方式：一是有钟表模型，可以拨动时针、分针，教他真正认识时间，再对应真实的钟表。并且在做一些事情时，及时提醒他看时间，比如，现在早上 6：50，我们开始吃早饭；现在晚上 7：15，我们开始写作业，现在晚上 8：30，我们开始洗漱……从而建立起男孩在实际生活中的时间概念；第二种处理方式，就是画时间，画钟表（包括时针、分针，甚至是秒针都要画），实际画过时间后，男孩对时间的印象才会更深刻。如果男孩已经读小学中高年级了，这一步就可以省略。

第二步：用训练技术强化男孩的时间观念。

强化男孩的时间观念，有一项很实用的"技术"——1 分钟专项训练，让男孩感受 1 分钟之内可以做什么事，做多少事。

比如，1 分钟口算。可以针对男孩的数学学习内容，准备 20 ～ 30 道口算题，规定 1 分钟，看他能完成多少道题。再如，1 分钟数字书写训练。就是练习 1 分钟书写 0、1、2、3……一直往后写，看 1 分钟能写到多少，但要保证完全正确，在某种程度上，这也是专注力的训练。还比如，1 分钟汉字书写。就是孩子语文课本上正在学的生字，不用刻意找难写的、没学过的。看他 1 分钟内能写多少，做个记录。

这三种训练可以交替进行，每次训练完，他就会明白，1 分钟内能算口算这么多道题、能写这么多数字和汉字，那坐在桌前好几分钟、十几分钟都算不出几道题、都写不了几个字的话，就说不过去了。他会意识到：再浪费时间，就有点不妥了。

每次训练完后，要及时记录成绩，每大一次，连续 21 天为一个周期，就会有明显改观。

第二步：引导孩子给学习和生活制定一个时间表。

这个时间表，实际上也就是每天的学习和生活计划。也就是在什么时间做什么事，要落实在白纸黑字上。呈现方式类似学校每天的课程活动时间表，几点几分到几点几分做什么事，当然，两件事之间应有休息时间。每件事后再列 7 个方格，每做完一件事，就在方格里面打一个对钩，做记号。一张时间表可以用一个星期，一般来说，21 天就能养成一个好习惯，所以不妨给孩子打印 4 ～ 5 张表格，甚至更多，比如两个月的、一个学期的表格，从而巩固习惯。

习惯都是实践出来的，不是想出来的，不能光说不练。

对于低年级的男孩，我们要监督他完成，可以适度提醒。对于小学中高年级的男孩来说，初期也需要我们适度的督促与帮助。一定要注意，是适度，而不是包办代替，还要注意提醒时的语气、语调跟表情。

在制定这个时间表的时候，我们要征得他的同意。如果能够严格执行两三个月甚至一个学期的话，男孩就会成为一个做事有效率的人。

不过，我们做的工作，还是辅助性的，而不是面面俱到地提醒甚至是代劳，比如，不要对着时间表说："该写作业了！""该吃饭了！""该关电视了！""该洗漱了！""该关灯了！"……因为我们一股脑地提醒，对男孩的成长并没有帮助，他还是被动接受安排，自己不用操心，那他的时间观念就建立不起来。所以，要让男孩做时间的主人。

第四步：给孩子一个闹钟，并在做事前定好闹铃。

我以写作业为例，用闹钟督促孩子写作业，会非常有助于孩子快速、高效完成作业。

我讲一个案例：

有一个男孩之前写作业很慢，磨蹭拖拉，一会儿喝水，一会儿上厕所，而且还会在厕所里待很长时间，一会儿玩橡皮，一会儿愣神儿……一般正常40分钟就能完成的作业，他得用两个小时。后来，妈妈就把闹钟用上了。初期，她先跟男孩估算正常做作业需要的时间，然后定闹铃，几次之后，就放权给男孩自己定闹铃。

但这个男孩有个小技巧：就是在预定完成时间前15分钟提醒，就像大型考试倒计时15分钟提醒一样，有助于他在最终限定的时间内调整写作业的状态。从那以后，这位妈妈就不再催促孩子"快点、快点"，因为闹钟已经替代了。

为什么会有这么神奇的效果呢？在我看来，闹钟的催促要比妈妈催促让男孩感觉更舒服一些，他也更积极努力，速度快了很多，每次都能提前完成作业。

在这个过程中，男孩体验到了写作业的成就感，因为没有了妈妈的催促，他也感觉很轻松；再加上每次妈妈都会表扬他努力、用心（当然，表扬都比较有针对性，也就是善于发现孩子每次写作业时的闪光点——比如，"今天作业比昨天快了5分钟""今天整理书包比昨天快多了"……），结果男孩就会更开心，作业、学习，甚至是生活都变得更加自觉，形成整体的良性循环。因为倒计时会给男孩一种紧迫感，会让他自觉集中精力加快写作业的速度，从而提升效率。所以说，做到量化、具体化、精细化，比笼统地一句"快点"要管用。

如果男孩哪天慢了一点，可能是有原因，这一点也没有原则性关系，我们可以假装看不见，有意识地去淡化，不要去打击他，以免大好的局面被打破。

第五步：对男孩时间的训练，由作业延伸到生活。

也就是说，对男孩时间的训练，不仅体现在作业上，还体现在生活的方方面面，比如早晨起床，不磨蹭，不拖拉，吃饭不愣神，出门不催促。怎么办？可以教男孩学会"起床五部曲"——起床后，自己穿衣服、叠被子、洗漱、盛饭吃饭，再次检查上学前的各种物品。

这个可以定位为跟时间赛跑，提前做好"时间安排顺序表"，每段的时间可以稍有富余，以免男孩太紧张，不利于吃饭消化，也就是几点几分做什么，男孩非常清楚，对照时间表就可以了。如果某一段时间晚了，那就提醒他赶紧加油，要在接下来跑赢时间，把落下的时间赶回来，一直到去上学。这样，男孩就会积极行动起来。

经过一段时间的锻炼，孩子就会逐渐养成习惯，渐渐也就不再拖拉磨蹭，即使没有我们的提醒，他也会做得比较自然。他在生活上的时间观念，也会再次转到学习上，那写作业自然也会比较抓紧时间完成，从而把节省下来的时间用于做自己喜欢做的事。

最后，是一个辅助措施：用珍惜时间的故事、名言来激励男孩。

道家经典《淮南子》中有这样一句话："圣人不贵尺之璧，而重寸之阴，时难得而易失也。"意思是说，圣人不看重一尺长的玉璧（一种非常贵重的玉器），却很重视一寸光阴，是因为时间易失啊！时间是宝贵的，这一点要让男孩知道。

我们可以给他讲讲古今中外成功人士珍惜时间的故事，也可以把珍惜时间的名言，像"一寸光阴一寸金，寸金难买寸光阴""惜时如金""时间就像海绵里的水，只要愿挤总还是有的""哪里有天才？我只不过是把别人喝咖啡的工夫都用在读书上"……贴在家里，激励男孩。

以上通过"5+1"的方式来对男孩进行疏导，相信他会慢慢克服拖拉、磨蹭的毛病，会有改变的。只要你能坚持做，不打折扣，男孩呈现给你的改善效果也会不打折扣。

下面，我再从父母的角度来看看，如何更进一步或更彻底地帮孩子克服拖拉磨蹭的坏毛病，简要讲一下 5 个方法：

第一，少催促，放慢自己的节奏，也尊重男孩的节奏。

比如，你可能是急脾气、急性子，男孩本来也不拖拉，但你就是感觉他拖拉磨蹭，因为反正没有你快，于是就催促他。这一催，就等于你"暗示"他磨蹭，那他就认为自己"真的很磨蹭"，从而就变慢了；再就是对你的催促感到反感，故意变得拖拉，跟你对着干。也就是说，你越催，他就越慢。怎么办呢？那就不催了嘛！我们要放慢生活节奏，别那么急，别使劲催男孩，理解他，尊重他做事的节奏，因为你急也急不来，那就干脆给他成长的时间。

第二，正向鼓励拖拉的男孩，给他正确做事的建议。

我举个例子：男孩有拖拉的毛病，那就可以试着这样说："嘿，晚饭前这点时间很不错哦，要不把你没画完的画，画完吧，那我们家的餐厅就能多一幅装饰作品了，你觉得呢？"一句话的推动，可能就会鼓励男孩把不情愿做的事、拖拉的事，变成他愿意做、主动去做的事。这就是正向的鼓励、期待，或者说是积极的指导、恰当的建议。

第三，善于发现男孩不拖拉的时候，抓住时机表扬他。

男孩不可能时时、事事都拖拉，肯定有行动迅速的时候，善于发现他这个不拖拉的时候，及时表扬，甚至给他一点小奖励，比如，带他去逛逛动物园。这样，就会激励、强化他的迅速行动，从而有助于他远离拖拉。

第四，让男孩适当承受拖拉磨蹭的后果。

比如，上学磨蹭，那就让他迟到一回；写作业磨蹭到很晚，那就到点就睡觉，第二天让老师去批评他，当然提前也需要跟老师沟通好，不然老师可能也不敢批评他。当男孩有过这么一两次承担拖拉磨蹭后果的经历，他就会积极行动起来。

第五，善于发现男孩拖拉磨蹭的隐性原因，一举破除。

有时候，男孩做事拖拉磨蹭，是因为他不喜欢，或者说是懒惰，不想干，故意磨蹭。比如，你今天带他去游乐园，他无论是起床、穿衣服还是吃饭，都会特别积极快速；但你要是让他去收拾玩具，他就懒得做。而在这之后，虽然你也唠叨他，但最终还是你帮他收拾了，那他就会形成一种观念：只要我拖拉磨蹭，妈妈就会来帮我收拾烂摊子，那我干嘛不拖拉呢？你看，是你的包办代替，让男孩变得拖拉磨蹭，这恐怕是你没想到的吧！怎么办？发现，然后一举破除，不留后患，不给男孩钻空子的机会。

勇于管教：
男孩沉迷网络，怎样管教才能减少矛盾？

　　孩子沉迷网络、电子游戏、手机等，在今天确实是个大问题，需要管教，但是如何管教才能减少亲子矛盾呢？先别着急，慢慢听我讲。

　　其实早在 20 世纪 90 年代，美国的雷久南博士就曾写过一篇文章，题目是《电视带大的孩子》。其中指出，孟子如果出生在 20 世纪末的中国，他可能就会在电视机前长大，可能就不会有深度的观察力、思考力和高尚的道德责任感，也不会对中国文化有特殊贡献。如果电视早 500 年在欧洲出现，可能我们就听不到莫扎特、贝多芬等大师的音乐，也看不到达·芬奇的画；如果电视早在唐朝时出现，李白、杜甫也不会写诗，可能也不会有中国文化。

　　这样的观点，我们是不是很认同呢？是不是给我们很多反思？但从 20 世纪 90 年代到今天，又过去了 30 年，网络已经取代了电视。同样的道理，如果孟子出生在今天，他可能也在网络中遨游，受其影响，他可能也就不会成为一代"亚圣"。当然，这只是我们的假设。不过，无论是电视还是网络，对今天的人，成人也好孩子也罢，影响都是巨大的。

　　我在《别以爱的名义伤害孩子》这本书中就提到一个观点，我说：网络是一把"双刃剑"，别让网络成为孩子的"电子海洛因"。为什么这么说？因为网络没有好坏的属性，网络在给我们的生活、学习提供各种便利的同时，也带来了一些消极、负面的影响，比如低俗思想文化和信息的传播，比如沉溺于网络游戏、电子游戏而难以自拔，等等。

2020 年 9 月 21 日发布的《青少年蓝皮书：中国未成年人互联网运用报告（2020）》指出，未成年人的互联网普及率已达 99.2%，显著高于中国总体互联网普及率的 64.5%。未成年人首次触网年龄段集中在 6 ~ 10 岁，10 岁及以下开始接触互联网的人数比例达到 78%。

这组数据表明，未成年网民已经成为互联网使用的重要群体。对此，有媒体就评论说："面对中国互联网的现状，谁都明白，对 10 岁甚至更小的未成年人来说，意味着什么。"的确，今天未成年人接触网络的年龄明显提前，很多 3 岁的幼儿在父母的"引导"或默许下，就开始玩一些所谓的"益智类"网络游戏，这是值得警惕的。

因为未成年人特别容易沉迷于网络游戏。

多年前，一名记者曾到网吧暗访青少年的上网情况，这名记者以高超的网游技术赢得了一个 11 岁男孩的信任。晚上 11 点，记者好心要带这个男孩吃东西，男孩毫无顾忌地跟着去了。当记者问："这么晚了，你跟我走，你不怕我把你卖了吗？"男孩说："你把我卖了才好呢，只要能打游戏，到哪儿都无所谓。"

听听这个男孩的回答，好像他生活在虚幻的世界里，满脑子里只有游戏，在现实生活中的儿子、学生的角色都全然不顾了。网瘾的负面影响与毒品海洛因相比，真是有过之而无不及啊，形象地称它为"电子海洛因"一点儿也不为过。

在一些暴力游戏中，人生好像只被解析成买武器、提升装备和杀人三件事。如果男孩沉迷于这类游戏，而没法分清虚拟世界与现实世界的时候，那将是一件多么可怕的事。事实上，这样的事情有很多。因为男孩还处在成长发育阶段，还没有形成稳定的人生观、价值观、世界观，思想上受到游戏中的影响，行为上一定会在现实生活中体现出来。尤其是一些自我控制能力较差的男孩，由于受到网络的影响，他们把虚拟世界与现实世界混淆，甚至把游戏中的打杀、仇恨带进现实生活中。

就如香港电影《新警察故事》中，一群在现实生活中屡受挫折的青少年因为沉溺于网络游戏，竟然设计出一套杀人程序，各自充当程序里的杀手，在现实生活中以警察为对手，在各大银行、商场杀人抢劫。

我们不要以为这样的情节只会在电影中出现，在现实生活中也上演着不同的版本。有的男孩为了筹钱上网，不惜杀人抢劫；忍受不了戒网的痛苦，割脉、跳楼寻求所谓的解脱；模仿暴力游戏中的情节，打架斗殴甚至杀人……

随着信息技术的发展和广泛应用，随时随地都能上网，都可以玩游戏。孩子的网瘾问题也日益突出，越来越多的父母表示担心。

有的父母就反映："我儿子本来性格开朗，但是自从迷恋上手机游戏后，变得性格孤僻。网吧能禁止未成年人进入，但手机没有这个限制啊！"

是的，怎么办呢？我想，这需要我们努力，学会正确管教或指导。

下面，我就重点讲一下方法：

第一，请务必关注男孩的内心世界。

事实上，男孩渴望游戏，这是天性，不是错误。当务之急是，我们要找到男孩沉迷于网络游戏的原因，才能尽快有效应对他的网瘾或游戏瘾。

曾有一份调查发现，有 5 类孩子最容易迷恋网络：

第一类，希望得到娱乐、自制力差的孩子；

第二类，内心孤独需要伙伴的孩子；

第三类，想逃避现实、摆脱压力的孩子；

第四类，父母关系差、亲子关系差的孩子；

第五类，经常被老师批评的孩子。

想想看，你的孩子属于这 5 类孩子吗？如果属于其中的一类或几类，那自然就需要我们做出改变了。怎么改变？我想，首先就要努力营造一个和谐的家庭氛围，也就是给他创造一个良好的生活环境。再就是多抽出时间陪他，在学习方面不给他施加过大压力，培养他广泛的兴趣，比如，鼓励他参加体育运动、阅读课外读物等。另外，还要多为男孩创造群体交往的机会，鼓励他和同龄的孩子交往。当他体会到生活的多姿多彩时，接触到网络也就不那么容易沉迷了。总而言之，就是让男孩空虚的心灵被真实的世界填满。

第二，要指导孩子合理利用网络。

前面我提到，网络是一把"双刃剑"，完全不让男孩接触是不可能的，但是又不能对此放任不管，所以，引导男孩如何积极科学地利用网络显得尤为重要。

我们要告诉孩子，电脑、手机是用的，不是玩的，进而教给他一些网络知识，比如，怎么样搜索信息，怎么样学习一些有用的音视频课程，怎样合理地使用有价值的 App 等应用程序，比如可以提升文学素养、英语水平的儿童故事 App，英语配音 App 等，以及如何进行网页制作、PS（图片处理技术）、编程等。总之，让他知道，网络里不仅仅是游戏。

当然，对于网络游戏，也不是完全要禁止男孩玩儿。赶上周末、节假日，可以允许他玩儿，但要跟他达成共识：严格限定时间，到点必须结束。如果做不到这一点，那就不要玩儿。

第三，上网之初和男孩"约法三章"。

杜绝男孩网瘾、游戏瘾的出现，我们要从预防做起，不要等到孩子成瘾后再去治疗，那样可能就晚了，就被动了。

有一位父亲在儿子学会使用电脑后，就在电脑上安装了网络过滤软件，过滤掉了一些不良信息和网站，并和他"约法三章"：第一，非必要情况下，只有周末可以使用电脑，每天时间不超过 1 小时；第二，不和陌生人说话，不私自见网友；第三，不泄露个人和家庭的任何信息。此外，父亲把电脑放在了客厅，每次儿子上网时，全家都能看到屏幕上的内容。

这位父亲的做法可以有效监督儿子上网的时间和内容，最大限度地将网络侵害降到最低，这种"约法三章"和安装过滤软件的方法都值得借鉴。此外，我们最好把电脑放在公共区域，如客厅，这样指导男孩上网也更便捷。

第四，想办法帮助孩子戒除网瘾、游戏瘾。

判断男孩是不是染上了网瘾，有科普作家提出了几个参考点：

一是吃过饭就冲向电脑、手机，甚至吃饭时还在电脑前"厮杀""通关"，或抱着手机做这些事儿；

二是经常把自己关在房间里，独自上网、玩游戏的时间越来越长；

三是对其他事情没有兴趣，但提到上网、玩游戏就来精神；

四是几个小时不上网，就会焦虑不安；

五是没有正当理由地不按时回家，偶尔还夜不归宿；

六是曾企图缩短上网时间，但总以失败告终；

七是学习成绩下降，与父母的关系僵化，与同学的交往也越来越少。

如果男孩同时具备以上条件两至三条，可以初步判断他已经染上网瘾或游戏瘾。而要想从根本上治愈网瘾问题，替代法是一个不错的选择，也就是前面我说的，用丰富多彩的生活、真实的世界去替代男孩空虚的内心、百无聊赖的单调与寂寞，同时培养男孩的自控力。

另外，我也不太建议把有网瘾的男孩送到戒网瘾的机构，因为如果只是断了接触网络的机会，用处是不大的，等哪天他从机构出来后，再次接触网络，可能还会变本加厉地把戒网瘾时"失去"的网络游玩时间给补回来。

在家也可以戒网瘾，比如，我们使用递减法，减少男孩每天上网的时间。比如，由最初的3小时改为2小时，再改为1小时……慢慢到半个小时，甚至周末才上网的正常状态。这个过程中，我们不要急于求成，循序渐进才能收到良好的效果。

第五，减少智能机器对男孩的影响。

在男孩面前，我们尽可能收起功能繁多的智能机器，比如手机、平板电脑等，因为里面丰富多彩的内容分分钟都能吸引男孩的注意力。

作为父母，我们一定要提高警惕，很多非常有潜力的孩子都是从沉迷网游以后变得难以自控，不光是成绩下滑，沉迷时间久了，他会沉浸在虚拟的世界中很难走出来，最后连现实生活中普通的人际交往都成了问题。

不光是大男孩玩游戏上瘾，小男孩看动画片也会上瘾。因为动画片中声光电的刺激都很强烈，但这种刺激往往只作用于脑部比较原始的部分，限制了人思考能力的发展，所以有时候我们看到，孩子长时间看动画片之后就会很焦躁。再者，电视节目中的娱乐成分较多，真正有利于孩子成长的内容很少。

所以，我们千万不要把电视、手机和电脑等当成哄孩子的保姆。孩子不能只靠这些智能机器来生活，他的视觉、听觉、嗅觉、味觉、触觉，需要开发与体验，他的手、脑、眼以及身体的各个部位，需要综合运动才能协调，而这些才是保证他注意力纯粹集中的重要因素。

第六，要引导孩子立志。

古人云："学贵立志。"立什么志？立圣贤君子志，读书志在圣贤，而非志在赚钱，志在君子，志在为社会国家做力所能及的贡献。所以，要引导男孩立定积极向上、远大的志向，有家国情怀，这对于他戒除网瘾、游戏瘾、爱上学习、健康成长、快乐成才都有极大的促进作用。这一点，我在后续的章节还会详细讲。

学会批评：
如何批评"叛逆"的青春期男孩？

这一节的关键词比较多，分别是批评、青春期、叛逆和沟通。那我先讲一下核心词吧，就是叛逆，或者说是青春叛逆期。

一般来说，孩子在成长过程中会经历三个叛逆期：第一个，2～3岁幼儿叛逆期，表现为自我意识的萌发，变得执拗，说"不"，爱反抗，跟大人对着干，以证明自己的存在，这个阶段也被称为执拗敏感期；第二个，7～9岁儿童叛逆期，小学二、三年级，他初步认为自己长大了，所以经常跟父母顶嘴；第三个，12～18岁青春叛逆期，此时叛逆比之前两个都厉害，对我们来说，可谓是"如临大敌"。下面，我就重点讲一下男孩的青春叛逆期。

在生物学上，青春期是指人体由不成熟发育到成熟发育的转化时期，也就是孩子由儿童到成年的过渡时期。这个时期的男孩，生理发育已经趋近成熟，开始出现第二性征，但他的心理却正好处在"断乳期"，开始期待自己成为一个成年人，更希望我们能把他当成年人看待。但是，他到底还只是个孩子，即便有独立的意识，但他依然没有足够的能力，一方面不愿意让我们干涉他，另一方面却又期待我们的帮助。他心里很矛盾，所以也就越发急躁。

再加上我们对他依旧像以前对待小孩子一样，就会让他感觉自己不被尊重和理解，他不想让我们认为他幼稚，他想要表现出成熟的一面，所以就会跟我们有分歧，也就难免顶嘴，甚至发脾气。另外，青春期往往是男孩的初高中阶段。这个时期，他的学习压力很大，有时候也会出现难以承受的情况。而有些父母对男孩又抱有很高的期待；结果男孩的成长就始终处于一种高压状态，压力不断积蓄，当然会有爆发的那一天。

由此可见，青春期男孩出现所谓的"叛逆"，"叛逆"就是反叛，不听话，表现在行为上就是常常违背父母的意愿说话、做事。其实是一种正常现象。

为什么这么说？我再稍微做一下解释：

总体来说，这是因为他的生理和心理的快速变化而导致的。男孩进入青春期以后，睾丸素分泌量会大大增加，过多的睾丸素，会让男孩变得好动，情绪不稳定，易怒，这时如果家长说他几句，很可能就把男孩的"火"点起来了，他就会顶撞我们。

而随着生理上的加速成熟，在心理上，男孩也渴望成熟，但实际上，他的心理是处于"半独立、半依赖"的状态。这时，他的自尊心越来越重，独立意识也越来越强，总想着按照自己的想法去做事，但又很难成熟地面对自我，这种内心的矛盾使他不知所措。如果再遇到不顺心的人、事、物，往往就会表现出逆反情绪。

再有就是，今天的社会环境比较复杂，男孩接触的一些社会观念可能与我们的教导相违背，加上他心智也不太成熟，难免会反对我们的一些做法、看法，从而变得"叛逆"。

如果男孩过于叛逆，任何事情都和我们对着干，甚至不上学、离家出走，那就需要重视了。那么，我们应该怎样与青春期的男孩交流，才能化解叛逆，让他平稳度过青春期呢？下面我讲 7 个方法：

第一，未雨绸缪，为男孩进入青春期做准备。

在男孩进入青春期前或刚刚进入青春期时，我们就应该用各种方式让他了解青春期，比如，可以给他准备几本适合青春期男孩看的书，让他通过阅读了解相关常识。或者，我们平时可以跟他讨论一下青春期，也可以给他讲讲我们当年青春期的故事，让他提前有个准备。这样，就能从一定程度上避免男孩因为身体和周围环境的变化而引发惶恐、焦虑、逆反等情绪。

第二，对男孩的叛逆作出适度的让步。

在了解到青春期男孩叛逆的生理和心理原因之后，如果再出现男孩和我们顶撞的情况，我们就要冷静下来，理性面对男孩的行为，并积极寻求更好的解决方式，而不要跟他硬碰硬地对着干，吼叫不可以，打骂更不可以。

我们应该根据实际情况，"发扬风格"，主动做出适度让步，对男孩说一些"软话"，比如，被男孩顶撞两句，我们就可以说："妈妈（爸爸）知道你长大了，也有自己的想法了，你说的我会认真考虑的，不过现在我们都先冷静冷静，一会儿咱们再继续聊，好不好？"等到双方情绪稳定之后，我们再找机会和男孩心平气和地交流。

第三，要非常坦诚地对待青春期的男孩。

随着男孩进入青春期，他也会逐渐意识到，爸爸妈妈并不是完美的，也不是什么问题都能解决的。这时，如果我们还摆出一副高高在上的姿态，试图压下男孩嚣张的气焰，并且还装作什么都懂，想让男孩服从我们，这样做，无疑会增加他的叛逆程度。

所以，我们也要坦诚地对待男孩，比如，可以对他说："随着你的长大，你会看到爸爸妈妈身上也有缺点，也不是什么问题都能解决，但是我们是很关心你的，所以希望你能多跟我们说说心里的困惑，我们肯定会尽力帮你的。"这种坦诚的交流态度，就会比我们假装什么都懂强得多，男孩也会因为我们的坦诚而愿意和我们说话，从而减少叛逆行为。

第四，不要总是对青春期的男孩唠叨。

有一个著名教育课题组曾对全国 1000 名中学生做过一项家庭教育问卷调查。其中一个题目是："你最不喜欢妈妈的哪种行为？"调查结果显示有 550 名学生选择了"唠叨"。

由此可以推断，"唠叨"很可能是引起孩子叛逆的一大因素。

如果我们有事没事就唠唠叨叨地给男孩讲一大堆道理，他迟早会把我们的话当"耳旁风"。所以，我们一定要少对青春期的男孩"千叮咛、万嘱咐"，更不要对他大吼大叫。男孩正在长大，用控制、制约的方式已经不奏效了，不是他太叛逆，而是我们用错了方法。

第五，走进青春期男孩的内心，自然面对就好。

在这里，我要更正大家一个固化的观点：不是每个男孩进入青春期都会叛逆，叛逆的男孩往往是在家中得不到充足精神食粮的那类孩子。这一点，我们要警觉，不要以为给男孩提供优越的物质生活就万事大吉了，而是要走进男孩的内心，去理解他，关爱他。

我们可以问问自己：男孩的内心在想什么？如果我们不知道，那男孩大多会叛逆。所谓的学习压力、社会影响仅是为男孩的叛逆提供了土壤，但根本的因素，是他精神的需要没有得到满足。而这种男孩的父母都惊人的相似，就是经常高高在上，对男孩大吼大叫。那我们看一下自己，是不是这样的呢？如果是，请通过读书学习提升修养，学会用柔和的语气跟男孩说话。当我们的内心柔软了，经常给他一些灿烂的微笑，跟他和颜悦色地交流，家庭氛围也营造得不错的话，就能缓解他的紧张、压抑感，那男孩也就没有叛逆的理由了。

第六，批评青春期的男孩，要懂点批评艺术。

青春期男孩当然会做错事，做错事，就要挨批评，这非常正常。但作为父母，我们一定要掌握批评青春期男孩的艺术，不要想当然地去批评。在这里，我讲几个要点：

首先，认识批评男孩的真正目的——不是我们对他进行情绪发泄，而是帮助他成长。批评的真正目的，是让男孩意识到自己的问题，并积极去改正，从而获得更好的成长。

其次，批评时，向男孩说明理由，这个理由一定要充分、透明，有理有据，让他知道为什么挨批评。虽然我们有理由，但也要注意，不要揪着这个理由不放，越是反复强调，理由就越是会被"稀释"，到最后反而会让男孩感觉不疼不痒，无所谓。

再次，批评的时候，语气要温和，不要过于严厉，语言要简短，言简意赅，切忌长篇大论。对青春期的男孩而言，你说多了，他也烦。所以，简明表达就好。另外，也要给他留出解释的时间，鼓励他把事情的来龙去脉和自己的想法都讲清楚。

最后，批评的是男孩的行为，而不是他的人格。也就是对事不对人，这就需要智慧，比如语言表达要有分寸，不要自己在气头上去批评男孩，古人也说，"盛怒之下不教子"，因为在愤怒的情况下，是很难自控的，说话会口无遮拦，甚至会骂人，比如说男孩是"懒鬼""饭桶""笨蛋""笨死了""蠢货""丢人""没出息""傻瓜"……这就容易跟男孩产生比较严重的冲突。因为这就是语言暴力。当然你可能意识不到。美国心理学家马歇尔·卢森堡说："也许我们并不认为自己的谈话方式是'暴力'的，但我们的语言的确常常引发自己和他人的痛苦！"这段话值得我们思考。所以，不要让你和男孩的关系因为你的"暴力语言"而疏远。

再多说两句，就是批评男孩时，一定不要"翻旧账"，应该就事论事，不要借题发挥。

第七，深刻认知一个观念：没有叛逆的孩子，只有叛逆的父母。

我们不了解男孩的成长，没有意识到他的发展，只用如同对待幼儿一样的态度来对待他，而且还单方面希望他能随时随地对我们言听计从，这样的表现，才是真正逆了男孩成长的自然规律。所以，叛逆的不是他，而是我们。

实际上，男孩叛逆才是正常的。要知道，古代是没有"叛逆"这个词的，这个词在最近几十年才造出来。所以，当男孩看似叛逆，看似与我们对着干的时候，我们最先做的是平心静气地看看自己的教育是不是违背了男孩的成长规律，了解在他这个成长阶段的心理需求是什么，看看自己的做法有哪些是不合时宜的。只有跟上男孩成长的脚步，我们才是真正跟他一起成长了；只有纠正了我们自己的叛逆心理，才不会感觉男孩的叛逆。

总之，我们要了解男孩的心理，跟上他成长的脚步，不对立，不控制，温和而坚定。

有效沟通：
怎样敞开心扉，把话说到男孩的心里去？

在这里，我不想再强调亲子沟通的重要性，只想迅速进入主题，直接讲 7 个具体方法：

第一，学会倾听男孩的心声。

很多时候，男孩把自己"包裹"起来，不愿意向我们敞开心扉，根本的原因就在于我们不懂得倾听他的心声，经常是"我们说，男孩听"，没有给他倾诉的机会。

英国教育家赫伯特·斯宾塞（Herbert Spencer）曾说过："给孩子诉说的机会，认真倾听孩子的话语。这样父母能更多地了解孩子，并对孩子不正确的思想和做法及时进行纠正和引导，从而让孩子一直走在健康快乐的身心成长之路上。"我非常认可这个观点。的确，要给男孩倾诉的机会，要静下心来，做他最忠实的倾听者。这样，男孩才越来越愿意向我们倾诉。

当男孩主动向我们倾诉的时候，我们一定要拿出诚意来，最基本的原则是不打断他，可以用肢体语言和眼神来表达对他所说的内容感兴趣，并不时加以引导，比如，可以说："发生了什么事情，说来听听。""这样啊，然后呢？""是的，对！""真是没想到，接着说下去。"……当我们表现得感兴趣的时候，男孩就会更愿意倾诉心声。

第二，确认自己听见并听清了男孩所说的内容。

倾听男孩，不只是摆一个"倾听"的架子，要有名，更要有实。这就要求我们必须确认一件事，就是确认自己听见并且听清了男孩所说的内容。不然，只有听的样子，却没把男孩的话听到心里去，或者是他说他的，你想你的，想什么？想他说完后怎么应对他，或者说是怎么好好教育他一番。这样，我们就会忽略他讲话的内容，等他一停下来，我们可能就非常急着去滔滔不绝地说教一堆大道理。甚至有时候，他还没真正停下来，只是稍微一停顿，你就等不及开始说教了，男孩的话被我们无视，或者是被我们打断，那他就会不淡定了，他不听、不信，甚至反抗、跟我们争执，也就难免了，当然，我认为，这也事出有因，情有可原。

所以，当男孩开口时，我们一定要认真听，要抓住他话里的主要信息，确保自己听见了而且听清楚了他到底说了什么，再给他需要的、正确的指导。

第三，主动向男孩敞开心扉，让他认识一个真实的你。

很多父母要求男孩要向父母敞开心扉，但他们却不愿意向男孩敞开心扉，我认为这样的沟通是不公平的，会导致亲子沟通障碍。所以，我们要敢于主动向男孩敞开心扉，与他坦诚沟通，这样一来，彼此才能表达真实想法和感受，进而建立良好的亲子关系。

我想，你可能在平日里把关注焦点都放在了男孩身上，他喜欢吃什么玩什么你都了如指掌，但是却忘了让男孩了解你，所以平时，可以多跟他聊聊关于你的话题，比如你喜欢吃的东西、喜欢穿的衣服、喜欢读的书、喜欢听的歌、最想去哪里玩……这样一来，男孩会更深入地了解你，你在他心中的形象也会更加真实、鲜活，同样也会拉近亲子关系。

我们也应该让男孩知道我们的心情，第一，他应该知道；第二，他也想知道；第三，这也是亲子沟通的机会点。所以，适时地跟男孩分享我们的心情是有必要的，但要注意，不要向男孩唠叨自己十月怀胎的辛苦、生育、养育的辛苦等等，讲一次可能还好，一旦讲多了，有可能会起到相反的作用。

第四，体会男孩的处境，给予他信任，才能把话说对。

虽然我们每天都跟男孩接触，但他经历的一些事、他的所思所想，我们不可能完全知道。所以，就难免会产生一些误会或误解。所以，我们去体会他的处境，信任他，及时调整说话方式，才能把话说对。我讲一个案例：

有个 10 岁男孩放学回家，气呼呼地说："今天老师在全班同学面前批评我，让我难堪。"

妈妈顺口来了一句："你是不是做错什么事了？"

男孩回答："我什么也没干。"

妈妈继续说："不可能，老师怎么会无缘无故地批评你呢？"

男孩噘着嘴，说："哼，不信，就算了。"

妈妈知道如果再这样争辩下去，母子间一定会发生冲突。

这时，妈妈改变了刚才的态度，换了一种说话方式："老师当着那么多人的面说你，我想，你当时一定很尴尬。"

男孩听了有点意外，妈妈接着说："我上学的时候也有过这样的经历，当时规定自习课不能说话，可我是在给同学讲题，老师看见后不管三七二十一，就把我俩都训了一顿。"

男孩睁大眼睛，说："真的吗？我也是因为这个才挨批的。我觉得我是在做好事，老师不应该批评我。"

妈妈笑着说："对呀，我当时也是这么认为的，但是事后想一想，的确违反了课堂纪律。"

男孩点了点头，说："好吧，下次我们下课后再讨论题目。"

眼看一场"战争"就要爆发，但妈妈很快就认识到了这一点，及时转变了说话方式，通过叙述自己的经历，与男孩产生了共鸣。最后，男孩也想出了解决问题的办法。

所以，我们要善于体会男孩的处境，尽最大努力去获得他的信任，从而迅速解决问题。

第五，沟通时，把"不能……"改为"应该……"

在跟男孩沟通的时候，很多父母习惯于说"你不能这样""你不能那样"……听到这样的说法，男孩就会很疑惑："那我到底应该怎样呢？"

为什么他会有疑惑？其实我们说的各种"不能"后面，应该还有话，就是要告诉他，"应该怎么做"，这才是重点。但很多父母说的话，却没有后半部分。

下面，我讲一个案例，是两位妈妈对同一件事的不同处理方式：

早上，男孩该上学了，两位妈妈都在提醒男孩好好整理、检查一下书包。

第一位妈妈说："不要那么随便地把东西都堆在书包里，忘了什么都不知道。千万别丢三落四的，少带了什么回头我还得给你送，多麻烦啊！"

第二位妈妈说："出门前，再好好检查一下你的书包，对照一下课程表，看看要带的书、本子、文具，一样样地检查，这样才能把东西都带全！"

同样的一件事，第一位妈妈是在否定孩子，第二位妈妈是在指导孩子，你认同哪位妈妈的做法呢？你平时是怎么做的呢？对第一个孩子来说，他可能觉得自己做的很多事都有问题，而妈妈只告诉他"别丢三落四"，可"丢"了什么？又"落"了什么？他可能并不知道。

所以，跟男孩沟通时，我们要把"不能……"改为"应该……"

第六，不要轻易跟男孩讲所谓的"平等"。

在这里，我特别想强调这个观点。因为这些年，我们受这个"跟孩子要讲平等"的所谓的先进教育理念影响太深，以至于出现了很多问题，而找不到原因。

每个人都渴望被平等对待，孩子也不例外。这没问题，因为孩子跟我们在人格上都是平等的。但这个平等，不能无限延伸。我讲一个例子：

有的家庭比较新潮，允许孩子直接喊大人的名字，认为这就是平等。有个7岁男孩从小就被他的爸爸许先生教育说："我可以喊你的名字，你也可以喊我的名字，咱们是平等的。"当然，在家里一直是这样，一家人感觉也挺有意思。偶尔有人劝他，他也无所谓地说："人家外国人不都是这样吗？没什么不好啊！"

有一天，许先生就把儿子带到了单位，正巧碰到了领导，他刚想跟领导介绍自己的儿子，没想到这个男孩抢先一步把领导的名字大声叫了出来，还说："你好！"当时，许先生一身冷汗，而领导的脸色也非常难看，他毫不客气地说："小许，一定要好好教育一下你的孩子！"

对这个案例我就不多评论了。其实，我们中国人自古以来就讲求长幼有序，父子有亲、父慈子孝，这跟西方根植于宗教文化土壤的"平等观"是不一样的。因为他们都是上帝的儿女，都互称兄弟姐妹，在上帝面前，大家的辈分一样，当然是"平等"的。但我们呢？我们中华民族的深层心理仍旧是家族信仰，尽管今天的家庭结构与古代相比发生了巨大变化，但家族信仰是没变的。换句话说，西方人崇尚"自我意识"，而中华民族提倡"家庭意识"。所以，不是专家说让你跟孩子讲平等，你就无条件地执行的；也不是外国人写的书上这么说，你就要毫无保留地接受的。我们要正视东西方文化的差异。千万不要把自己理解的"平等"错加给孩子。否则，当他以后因此而处处碰壁的时候，我们再让他改正，可能就晚了。

第七，不要和男孩做朋友。

这一点跟前面讲的"平等"一样，也是外来的教育理念。我想说的是，今天的孩子这么自我，这么任性，跟所谓的"平等"，还有"跟孩子做朋友"等所谓的"先进教育理念"有很大关系。父母做孩子的朋友，短时间内看似有效，因为彼此都很新鲜，可以没大没小了，反正都是朋友。但时间一长，一定是弊大于利，最先受不了的可能不是孩子，而是我们。父母的角色，朋友无法替代。朋友的角色，父母也无法代替。他想要朋友，可以到同龄人中去找，但他想要父母，去哪里找呢？父母已经成为他的朋友了！那父母的角色，谁来行使呢？

现在连西方学者都意识到这个问题的严重性了，已经开始反思，比如，美国医学博士玛丽·艾伦·伦纳（Mary Ellen Renna）在《重建父母的权威》这本书中就指出："父母绝不应该把孩子放到朋友的角色上。孩子需要像孩子一样被对待，而不应该像朋友一样被对待。父母扮演朋友的角色时，作为父母的角色将逐渐减弱。孩子将父母视为在同一个运动场上的队友，可能就不会尊重父母的意见和权威。对孩子来说，遵循父母的教导将变得更加困难，因为朋友是不应该惩罚彼此的。所以，我们不应该给孩子留下同伴或'没有限度的平等'的印象，我们必须声称自己作为大人的角色，因为孩子需要在规则和边界中成长。父母必须承担许多角色，但孩子朋友的角色不在其中。"这些观点值得我们深思。

在我看来，你可以放低父母的姿态，不端父母的架子，对孩子做到情绪平和，不吼不叫，而不用给自己刻意强化"跟孩子做朋友"这个概念，也不要向孩子宣称："我要和你做朋友。"

希望，我"不要轻易跟男孩讲平等"和"不要跟孩子做朋友"的教育理念，能够帮助一些家长朋友纠正错误的亲子教育观念和相处方式。

3

潜能发掘：
让男孩的学习从"被推"到"自推"

学会学习：
怎样发现适合男孩的有效学习方法？

其实做什么事，都需要方法，都不是想当然就能做的。方法，是为获得某种东西或达到某种目的所采取的手段与行为方式。比如，男孩想学会游泳，肯定要掌握一定的游泳技巧；想学会吹笛子，就要懂得一定的吹奏方法；想学会骑自行车，就必须掌握骑车的技巧……

当然，学习文化知识也不例外，好的学习方法可以使学习事半功倍。那些"学霸""学神"、中考状元、高考状元，无一例外地都掌握了一套系统有效的学习方法，从而让他们更轻松地学会知识，并自如地运用知识。

所以，教男孩掌握一些适合自己的、有效的学习方法是必要的。以下我讲 6 个学习方法：

第一，指导男孩学会制订学习计划。

有计划地学习是高效学习的前提。但一般来说，男孩的计划性都比较差，做事比较随意，或者说是随性，不如女孩细致。所以，我们首先要帮他补上"学习有计划"这一课。

学习计划不仅包括安排每天、每周、每月的学习时间和内容，还包括近期目标和远期目标，比如每天背几个单词，一周要会背多少个单词，一学期下来要有哪些进步，等等。当然，男孩在制订计划时，要考虑自身的学习情况、学科进度和学习能力，并坚持按计划执行。

有一位教学一线的名师曾说过："你如果要求自己每天背20个单词，然后周末检查，保证每周检查的结果，至少能记住80个单词。坚持下来，你会发现每周记80个单词其实是很容易的；如果限定自己8点钟前，必须把这个卷子完成，或者两个小时内，必须把这篇课文背会，或者1周内，必须把这个学科复习完……当你做了这些限定，你会发现，与没有限定相比，你的学习效率会更高。所以，制订计划的科学性，就在于定时、定量、定内容。"

这段话说得非常好。我想，这就是计划的重要性。而且，制订了计划后，关键在于执行。只要男孩能够按计划完成学习任务时，一段时间后，他的学习效率会明显提高。

第二，教男孩重视预习，并且学会预习。

预习能对学习起到"提纲挈领"的作用，预习包括浏览、查阅、做记录等事项，主要是为进一步的学习做准备。有效预习可以帮男孩提前了解，他接下来要学的是怎样的知识、他有怎样的问题、还有哪些有不明白的地方……而且，预习也能帮他对要学的知识有一个大概的认知，等到老师再讲的时候，他就会有目的、有针对性地去听了。听课效率提高了，学习效率自然提高了。所以，我们要重视培养男孩课前预习的好习惯。

针对不同的课程，可以让男孩采取不同的方法来预习。

比如，对于文科，他可以先通读第二天要学的课程，把一些他暂时不太理解的地方画出来，留到上课的时候认真听讲；对于理科，他可以先熟悉一下要学习的定理、公式等内容，尝试着自己先做一下相关练习，等到上课的时候，再对照老师的讲解，看跟自己的理解是不是相符，如果不相符，就要仔细听一听老师是怎么讲的，把问题彻底弄明白。

我要强调的是，男孩都比较好动，预习的时候，他可能会比较放松，所以看上去学习的状态不是我们想象的那么正式或正规，我觉得这没什么，你由着他就好，也就是说，他在预习或者是学习的时候，我们不要给他定那么多死板的规矩。因为他感觉舒服，就能预习进去，不舒服，规矩多，可能他内心就会反抗，就预习不进去了。

第三，教男孩掌握正确的复习方法。

做好课后复习也是很重要的。男孩即使在课堂上完全听懂了老师的讲解，但要想深入掌握所学的内容，就一定要靠课后复习。复习对很多男孩来说都有些困难，因为男孩在放学以后，更愿意去放松、去玩耍，有时候都不愿意写作业，更不用说让他复习了。不过，我们要让他明白，复习是为了帮助他更好地领会已经学过的知识，而且写作业本身就是对学习的一种复习，是复习的基本途径之一。

最开始时，我们可以通过提问来帮助男孩有一个基本的复习思路，比如，可以问他"今天数学（语文）学什么新知识了""你觉得有什么收获""还有哪里没有学透"……这会帮助男孩回忆起一天中他所学的课程内容。之后，再引导他想一想，听完老师讲课之后，他有哪里还不太明白、哪里掌握得不牢固，我们要么给他一些指导，要么让他自己先去钻研解决。

除此之外，对于一些学习中的难点和重点，男孩应该多花时间去记忆埋解。如果再能做好周复习和月复习的话，学习对于男孩而言就是很轻松的事情了。

第四，鼓励、引导男孩摸索出最适合自己的学习方法。

这一点我认为很关键，所谓的好方法，并不一定适合每一个人。所以，男孩的学习方法，一是不要盲目模仿他人，二是不要照搬他人的学习经验。别人的方法，只能供男孩参考借鉴。

因为，照搬他人经验，就相当于随便穿了一双不知道是不是合脚的鞋子。一旦鞋子大了、小了，都会让脚觉得非常不舒服，严重的话，还有可能会让脚受伤。

所以，我们要提醒男孩，他需要看清自己，了解自己学习的特点、对知识的掌握程度，对自己的薄弱环节要注意弥补，对自己的强项要注意保持，这才是属于他自己的学习方法。而男孩只有运用适合自己的学习方法才能顺手，成绩才有可能进步。

1980 年，美国哈佛大学物理系教授、诺贝尔奖得主史蒂文·温伯格（Steven Weinberg）说："学生最重要的是拥有以自己最喜欢的方法去学习的本领，而不是全盘接受书本上给你的答案。"由此可见，男孩学习效率的高低与学习成果的好坏，与能不能用自己喜欢的方式学习有密切关系。

尽管我在前面也讲了一些学习方法，但那些也只能起到一个抛砖引玉的作用，具体的学习方法还是要靠男孩在学习中不断地去总结和实践，只要他觉得学得快乐、学得有效果就是适合他的学习方式。只有找到了适合自己的学习方法，男孩才会越学越爱学。

第五，教男孩学会自学，培养强大的学习力。

有一位哲人说："学生的头脑不是用来填充知识的容器，而是等待点燃的火种。"那么，这个"火种"是什么呢？是自学能力。男孩如果不具备一定的自学能力，他的大脑只能是用来等待装知识的"容器"，然而，只要他自主学习的能力被激发出来，他的大脑就不会等待被灌输，而是主动地去汲取他所感兴趣的知识。

自学，也是提升学习力的关键。所以，我们要纠正男孩"自学没用"的错误想法，鼓励他养成自学的好习惯。当然，要想能自学有成效，掌握一些基础的学习技巧很重要。

比如，重视培养自主阅读能力。无论学习哪个学科，阅读能力都非常重要，而且阅读也是自学的重要基础。可以在男孩年幼时，给他多讲故事，再过渡到和他一起阅读故事，上学后，再放手让他独立阅读，他感兴趣的书都可以读。这个过程，不要对他提什么要求，比如带着问题读啊，比如读完要能讲出来啊……我认为都不需要，因为要求太多，他就有压力，阅读就成了任务，可能他就会排斥，就不愿去读了。所以，我认为，他只要感兴趣，能读进去就可以。其实，你所要求的那些，他自己也会自然而然地做到的。所以，不必过于强调。

再比如，培养男孩做学习笔记的能力。在遇到不懂的问题时，及时地记录下来，问题不同，也可以用不同颜色的笔来做记号，然后把问题总结一下，通过查找其他资料，请教老师、同学或父母等方式，把问题彻底弄明白；也可以教他把不容易记忆的知识记在本子上，常常复习；还可以教他画知识列表或思维导图，以更加清晰的思路掌握所学到的内容……

同时，要教男孩学会使用工具书。工具书包括检索类和参考类两种，字典、词典等属于检索类工具书，男孩需要尽早学会使用字典、词典查找生字生词（现在市面上有一些同义词、近义词、反义词、多义词、造句等词典，也可以参考）；还有一些与男孩学习内容相关的知识类的书，属于参考类的工具书。教科书上讲的知识有时候只是大概或精髓，如果他想要了解得更多，就要通过阅读这类工具书来拓展自己的知识面。

比如，小学一、二年级就应该学会查阅《新华字典》，如果老师没有教，我们也应该在家教男孩掌握这一基本学习技能，从而给他减少学习阻力。

另外，参考书的使用方法也应该及时教给男孩。但有一点要注意，工具书和参考书并非多多益善，"适合的才是最好的"，不要贪多，而要专精。

第六，不要强调学习苦，学习很痛苦是对学习的误解。

有的父母在辅导孩子写作业时，在激励孩子学习时，总是强调读书、学习就是一件很苦的事，是不会快乐的，现在苦就对了，现在苦是为了以后不苦，说自己小时候就是这么过来的，还进一步拿古圣先贤的话来做例证——"学海无涯苦作舟"。

真的是这样吗？我认为，这么说是有问题的，为什么呢？就"学海无涯苦作舟"的"苦"来说,这是"刻苦努力、勤奋"的意思,不是"痛苦"。孔子在《论语》开篇第一句话就说:"学而时习之,不亦说乎?"意思是说,学习知识并不时地温习回味、力行实践它,不是很高兴、喜悦吗?写作业,其实就是对白天整个学习过程的一种回味、练习和实践,把知识弄通、弄懂,自然是喜悦的。如果家长一直说学习苦,写作业苦,孩子不觉得苦才怪呢!

但实际上,我们周围很多学习好的孩子,学得都很快乐,可见,会学习,努力学习、刻苦勤奋学习,其实是不会觉得苦的。当然,这些孩子也会玩儿。关于会玩儿又会学的内容,我会在后面"劳逸结合"一节中详细讲述。

自觉主动：
如何充分调动起男孩的探索欲、求知欲？

学习，是男孩认识自然和社会、不断完善和发展自我的必经之路。只有不断学习，男孩才能获得新知、增长才干，长大以后才能为社会多做贡献。

当然，学习应该是主动的，而不是被动的。这就需要充分调动起男孩的探索欲、求知欲，从而让他能够自动自发地学习。这不是一种理想，而是可以实实在在做出来的。那我们应该怎样帮助男孩实现主动学习呢？以下，我重点讲 6 个方法：

第一，让男孩去学习时，要做到不吼不叫。

在我看来，不吼不叫是培养男孩学习力的重要前提，因为吼叫对男孩的探索欲、求知欲都有比较大的抑制作用。

在男孩学习方面，如果我们吼叫过多，即使他有意愿尝试以更积极的状态去学习，也难以达到他期待的效果。如果这样几次下来，他都没有办法达成目标的话，难免就会产生心理学上所讲的"习得性无助"，也就是因为重复的失败或惩罚而导致的听任摆布、听天由命的消极行为状态，这是通过学习形成的一种对现实的无望、无可奈何，甚至是绝望的行为与心理状态。可见，想激励男孩更好地学习、更主动地学习，我们就必须要放弃吼叫式教育。

第二，善用罗森塔尔效应对男孩进行赏识教育。

罗森塔尔（Rosenthal）是美国著名的心理学家。1968 年的一天，他和助手来到一所小学考察，他们从一年级到六年级各选了 3 个班，对这18 个班的学生进行了"未来发展趋势测验"。之后，罗森塔尔以赞许的口吻把一份"最有发展前途者"的学生名单，交给了校长和相关老师，并嘱咐他们务必要保密，以免影响实验的正确性。

8 个月后，罗森塔尔对那 18 个班级的学生进行了复试，结果奇迹出现了：凡是上了名单的学生，成绩都有了很大的进步，而且性格活泼开朗，自信心更强，求知欲旺盛，也更善于跟别人打交道。这让老师们都感觉非常意外。

其实，罗森塔尔撒了一个"谎"，因为名单上的学生是他随机选出来的。但为什么这些学生发生了这么大的变化呢？就是因为校长和老师们对这些学生产生了良好的期望，并且相信他们就是"最有发展前途的人"。这些孩子受到了这种期望的鼓舞，他们内心的积极性就被调动了起来，所以后来才会取得优异的成绩，这就是罗森塔尔效应。

可见，如果我们善于运用这些"真实的谎言"，也就是正向期待，信任他，也就是让信任机制发挥作用，类似心理学上的自证预言。这个力量确实非常强大。

自证预言，就是在有目的的情境下，个人对自己（孩子）所作的预期，常常在以后的行为结果中得到验证。比如，老师认为这个学生好，那这个学生就会表现得很优秀；认为那个学生不好，那个学生就会真的表现很差。

所以，我们对男孩的信任和期待，也会产生自证预言的效果。你越是认为他好，他就努力好给你看；你越是认为他不好，他就努力坏给你看，尽管那可能不是他的本心所愿。

第三，保护男孩的好奇心，对他给予关注。

男孩对很多东西都会有好奇心，比如，那个东西的构造、质地、作用等，他都想了解，有时候他还会有各种各样的想法，提出各种各样的问题，比如，是什么、为什么、怎么样、怎么办、行不行、好不好、对不对……这时候，如果我们表现得心不在焉或者不理不睬，可能就会伤害他的求知欲，几次下来，男孩的好奇心可能也就会慢慢消失。所以，我们要认真听他的表述，给予高度的关注，哪怕我们不能帮他解决这些问题，也没有关系，因为男孩的好奇心被我们保护和关注了，这会让他更愿意主动去学习。这一点非常关键。

第四，积极满足他的探索欲和求知欲。

探索欲和求知欲是刺激男孩学习更多知识的动力，所以，在保护好男孩的好奇心的同时，要积极满足他的探索欲和求知欲。

我们都知道男孩好动，对感到好奇的事物，他都会想要去动一动，想去研究一下。其实，这就体现了男孩的求知欲和探索欲。比如，有的男孩想知道蚯蚓到底是怎么"工作"的，他可能就会把几条蚯蚓抓回家，放到透明的瓶子里，再弄一些泥土放在里面，接下来就打算开展他的"研究"。可在一些父母看来，男孩不仅"玩虫子"，还在家"和泥"，又脏又不像话。所以，就可能直接冲他吼叫说："你干点正事，行不行！"然后，就直接扔掉男孩的这些"宝贝"，再甩给他一句"快写作业去"。这一系列动作，我们是不是很熟悉？

法国作家爱弥尔·左拉（Émile Zola）曾说："生活的全部意义在于无穷地探索尚未知道的东西，在于不断地增加更多的知识。" 古今中外的很多科学家正是有着强烈的探索精神，才创造出了众多的发明，人类也因此享受到科学带来的便利。比如，英国发明家詹姆斯·瓦特（James Watt）就是在奶奶家看着烧水壶沸腾把壶盖顶得"咣咣"响的时候，明白了是蒸汽推动了壶盖的跳动，从而发明了蒸汽机。"飞机之父"莱特兄弟（Wright Brothers）是观察老鹰飞翔，得到灵感，从而发明了飞机的。

所以，当男孩对生活中的很多现象或者事物感到好奇的时候，我们不仅不要粗暴地干涉他，还应该鼓励他去探索，甚至也可以跟他一起去探索。

第五，带男孩"读万卷书，行万里路"。

读书可以增长知识，行路可以增长见识。国外有一位教育家曾说："在对儿子的施教上，我一直深信'百闻不如一见'的道理。根据我的经验，读万卷书远远比不上行万里路，现实世界能教给我们的，永远比书本能教给我们的更多、更丰富、更生动。"那到底应怎么做呢？

我想，首先，可以常带男孩去参观博物馆、科技馆、天文馆等，这不仅能开阔男孩的眼界，也有利于他打通书本知识。其次，和男孩一起感受大自然的魅力。意大利著名画家达·芬奇（da Vinci）曾说："大自然曾向我们展示着奇迹……不向大自然请教的科学家是平庸的……大自然才是我们最好的老师。"所以，我们应该多带男孩出去走走看看，他会用眼睛和心灵去感受大自然的美好。在保证人身安全的前提下，任由他去探索植物、昆虫的奥秘，引导他发现植物的特点、昆虫的习性等。最后，做好之前的准备和之后的总结。出门前的准备可以充分一些，像是旅游攻略、行程路线，对相关建筑古迹、自然景观的提前了解，这些可以让男孩去做。游览完的总结可以是象征性的，可以口述观后感，最好不提前布置写的任务，当然男孩愿意写，那就另当别论了。在这个过程中，男孩不仅了解了现实，认识了世界，同时也陶冶了情操，增长了见闻，开阔了视野，这对男孩的主动学习与健康成长都非常重要。

第六，认真对待男孩提出的每一个问题。

这里所说的"认真"，并不是不管什么问题都要完整地、详细地给男孩解释清楚，而是应该针对问题的性质有智慧地解答，最终启发男孩自己去思考、验证、解决问题。

男孩的思维跳跃性比较强，问题也是千奇百怪。针对不同的问题，我们要遵循一些回答原则，比如，对待知识性问题，以启发为主，不要说得太透，可以鼓励他积极思考；对于一些是非题，包括人际关系、生活常识，除了要引导他明白"是"或"不是"，还要给他讲明其中的道理；对于一些没有答案的问题，可以把问题留给他，给他一些想象的空间……

对于一些疑难问题，或者男孩不能理解的答案，我们可以尝试讲得深入浅出，力求通俗易懂。如果他还是不懂，我们也不要着急，可以告诉他："这个道理确实有点难懂，但很有意思，以后慢慢你就会明白了。"这样，在男孩幼小的心里就埋下了求知好学的种子。

有时候，男孩问的问题可能会非常深，以至于我们也不知道答案。这时，就不能为了维护自己的面子而随便应付，甚至不懂装懂，告诉他错误的答案。最好是诚实地告诉他"我不知道"或者"我也不确定"，并且可以跟他说："要不，咱们一起查查资料，看看能不能找到吧！"又或者说："要不你去查查资料，查到后，讲给妈妈（爸爸）听？"

这样一来，男孩就有可能受到激励，并且能够认真地去寻找问题的答案。这不仅能让他掌握了解决问题的方法，还能让他对知识产生浓厚的兴趣，培养他学习的自觉性。

但很多时候，男孩问问题，可能会"单刀直入"，比如，他会直接问"这个题怎么做？"在这里，我教给大家一个绝招，就回答三个字——"你说呢？"这样就可以把思考的"球"给他踢回去。接下来，他就会讲他的思考，他的思考结果对不对不重要，重要的是他开始思考了，所以就要肯定他、表扬他，他就会很开心，就会继续思考。

不要看到专家说（或书上说），"要认真对待孩子的每一个问题"，就把"立即告诉他答案"当成"认真对待"，错，这绝对不是"认真"对待，这是不认真对待，是对孩子思考力的扼杀。所以，我们千万不要去直接做男孩的"问题解答者",而是要引导男孩积极思考。

孔子曾说:"学而不思则罔,思而不学则殆。"可见,思考是学习的灵魂。没有思考,就没有疑惑。但人不可能没有疑惑。大脑越用越灵,越不用越"生锈"。无论男孩的天资多么高,只能说明这辆汽车的配件很好,他只有不断地用脑去思考,他的"驾驶技术"才会不断提升。一辆好车需要配一个好司机,才能所向披靡。再就是要积极肯定男孩的思考行为。这样,他就会有一种成就感,就会把独立思考当成一种享受。

劳逸结合：
怎样更好地提升男孩的学习效率？

劳逸结合，指的是工作和休息相结合。有一位伟人曾经说过："不会休息的人，就不会工作。"说的就是劳逸结合。对于男孩来说，劳逸结合就是学习和休息相结合。只有会休息的男孩，才能让自己的身体保持在最佳状态，才能有足够的精力去学习。

有的男孩每天要早早出门，下午放学后还要去课外班。回家后，还要写作业，有时候能写到晚上十点钟。我们还有周六日可以休息，但很多男孩却要在周末去上各种辅导班。这么一算，男孩一天的"工作量"甚至比我们的工作量还大。显然，这种高强度的"工作量"会让男孩吃不消。所以，要给男孩休息、娱乐的时间，他身心愉快，学习才能更有成效。

那些没时间休息的男孩，或者是不会休息的男孩，忙活了半天，到头来虽然疲惫不堪，但学习上却也可能没有什么效果。比如，有的男孩每天的学习时间都很长，但却不能取得好成绩，与他学习的时候不能专注也有很大关系。

因为从生物学角度讲，如果男孩长时间读书、写字、思考问题，就会感到头晕、头脑不灵活，这是由于脑神经过度紧张造成的，因为男孩休息不好，就无法在学习时集中精力。所以，我们要认识到劳逸结合对学习的重要性，允许男孩出去玩耍，教他正确学习、合理休息，真正做到劳逸结合，从而让他能够精力充沛地去学习。

革命先驱李大钊曾说过："要学就学个踏实，要玩就玩个痛快。"的确，学得好，玩儿得也痛快！而如果能玩儿得很好，那学也要踏踏实实的，这都是相互的。如果只是想好好玩儿，而不想好好学，显然不行。也就是说，用增加玩耍时间来逃避学习是不可以的，同样，以减少玩耍的时间来延长学习时间也不可取。

那么，我们应该怎么做呢？以下我讲7个方法：

第一，要允许男孩玩耍，甚至是出门玩耍。

我们都希望男孩比其他孩子掌握更多的知识，希望他更出色，所以，我们可能就会有意无意地减少男孩休息和玩耍的时间，以此来延长学习时间。更有甚者，即使是男孩在玩的时候，还会不停地向他灌输各种知识。结果，男孩无法得到真正的休息，玩儿的时候也不尽兴。

男孩当然应该以学习为主，但我们也不应该忽视他爱玩的天性，剥夺他玩耍的权利，而是要教他学会协调学习和玩儿之间的关系。当男孩的学习任务完成之后，我们要让他真正休息下来、玩耍，甚至允许他出门尽情地玩耍。当然，要保证安全。

总之一句话，男孩的日常不应该只有学习，还有玩耍。

第二，提醒男孩，休息的方式不只是玩儿。

其实休息的方式不只玩儿这一种，男孩还有很多可以做的事情。比如，他可以在这段时间进行体育锻炼，跑跑步、打打羽毛球或者去健身器材上去锻炼一下；他还可以利用这段时间来帮家长分担一些家务，扫扫地、浇浇花、择择菜等；他还可以进行感兴趣的活动，比如画画、写字、做小实验，让大脑从书本中暂时解脱出来……这些活动其实都是休息。

第三，不要让假的"劳逸结合"欺骗男孩。

什么是假的"劳逸结合"？假的，就是不是真的，就带有一定的迷惑性。虽然有的男孩停止了学习，进入了所谓的"劳逸结合"的"逸"的模式，也就是休息了，但是休息的方式却是不健康的。比如，有的男孩会一直看电视，有的男孩会上网玩游戏；等等。这些所谓的"休息方式"，并不能使男孩的大脑、身心得到真正的休息，这就是假的"劳逸结合"。

所以，要帮男孩找到正确的休息方式，比如，离开书桌、书本，出去活动一下，跑跑、跳跳，做一些有意义的游戏；等等。当男孩的身心在得到放松之后，就要继续投入学习中去。不能休息起来就没完没了，不然"劳"就被"逸"掩盖了，劳逸结合就失去了意义。

第四，告诉男孩：认真学，认真休息。

我们都知道，爱玩是男孩的天性，经常在学习的时候玩，在玩的时候还是玩。当男孩坐在书桌前"学习"时，手里是拿着书呢，但眼睛却看向了其他地方；眼睛看着书，但心里不知道在想什么，而且手里拿着笔转来转去，严重影响学习的效率……

还有的男孩会出现这样的情况：学的时候想着还有几分钟就可以休息了，于是就开始放松了；可真到了休息的时候，他又想着刚才的学习没有什么进展，就又开始紧张。这样一来，学也学不踏实，玩儿也玩儿不好，这样的"劳逸结合"就是失败的。

所以，要告诉男孩，如果是学习的时间，就要集中精力，认真钻研；而到了该休息的时候，就要彻底让大脑和身体得到放松。总之七个字——认真学，认真休息。

当然，我们也要提醒他不能太死板。比如，他原本在做练习，但因为题目有些难，所以到了限定的时间没有做完，那他应该尽量将该做的题做完、该学的知识告一段落之后，再去休息，而不是到了时间就一定要休息，还是要灵活掌握。

第五，引导男孩在玩儿中学。

玩可以培养男孩的动手能力，可以启发他的兴趣，也可以激发他的求知欲和好奇心。所以，我们要鼓励男孩尽情玩耍，引导他在玩中学，比如做一些小创造、小发明。

再如，春天到了，可以带男孩去放风筝，在这个过程中，我们就可以引导他思考：为什么春天适合放风筝？放风筝和风向、风力等有什么关系？这样一来，男孩就会在玩儿中学到很多知识。这与前面讲的"在玩儿的时候灌输知识"还是有所不同的。但是也要注意，不要让男孩感到有负担，能思考最好，不能也不要强求，否则效果就会大打折扣。

第六，客观评估孩子的学习，不额外布置作业。

这一点看似与"劳逸结合"的主题不太搭，但实际上，这里隐藏着秘密。我先讲一个观点：男孩与其偷偷摸摸地休息——磨蹭着休息，不如快快乐乐地休息。什么意思？我以男孩写作业这件事来举例。

有时候，你可能会发现男孩写作业时总是"磨洋工"，原因有很多，比如，"不想做""学不会""没兴趣"等。但是，很多事情都有多方面原因，"磨洋工"也不例外。

有一位妈妈就发现：她上三年级的孩子本来写作业很快，很有效率，但有一段时间写作业很慢，是突然变慢的，好像总也写不完，不知道什么原因。

这位妈妈就向我咨询。

我经过了解发现，原来是这位妈妈那段时间喜欢上了书法和美术，结果就给孩子也安排上了写毛笔字、画画的额外练习。我认为原因就在这里。

果然，她的孩子也证实了这一点，他说："写完作业后妈妈就给我布置了别的作业，我感兴趣的手工制作都做不了了，干嘛写那么快？还是边写边玩好啊，熬到时间就可以洗漱睡觉了。"

这个孩子的表现就是消极怠工或"磨洋工"（出工不出力）。就像我们成年人在单位工作一样，如果高效率完成一件事后又被领导安排做别的，甚至去帮助做得慢的同事，而在薪资待遇、职位上又没有什么变化，一般人会怎么做呢？你又会怎么做呢？

孩子也不傻，他也会规避一些问题，从而使自己处于舒适区。

有个男孩就曾经发出这样的感慨："我最烦过周末了。因为周末我不只要写完学校留的作业，还要完成妈妈给我布置的很多额外作业，还要上好几个补习班。它们就像一座座大山一样把我压得喘不过气来，简直太累了，所以，有时候我写学校的作业就故意慢一点，这样妈妈能少布置一点额外作业，可我慢了妈妈就会不停地催我。真烦啊！"

这个男孩的表现，也是一种"被逼无奈的'磨洋工'"，因为他不想完成额外的作业，所以宁愿选择拖拉。

有一份调查显示，40%的小学中高年级学生的家长会给孩子布置额外的家庭作业。还有50%的学生需要做课外辅导班布置的作业，再加上学校布置的作业，可想而知，他还有多少时间可以自由支配。还能有什么理由不"磨洋工"呢？

所以，我们要对男孩的学习、对他的作业进行比较客观的评估。除了他要完成的学校布置的作业外，尽量少或不再给他布置额外的作业，而要给他留出玩儿的时间。也就是写完学校留的作业后就允许他去玩，自由玩要或户外运动，阅读，或者是做他感兴趣的事。不然，他就会拖拉磨蹭，在他看来，反正写完也不能玩儿，还不如在书桌前胡思乱想、发呆更好。

所以，一定要让男孩看到玩儿的"希望"，有希望才会有干劲呀！

第七，男孩看书学习时，不要给他立太多的规矩。

这一点，应该是与众不同的说法。为什么？因为大部分人认为，孩子学习得有个学习的样儿，要给他立规矩，比如坐正了、背挺直了，别歪着……但实际上，规矩太多，男孩就会认为学习真麻烦，还有这么多"规定动作"。其实，没有太多的必要，即使看书时吃点东西也无妨，他舒服就可以；相反，在玩儿的时候给他立点规矩，比如，坐正了，背挺直了，不能歪着躺着看电视，要让他感觉看书学习就比较自由一些，玩儿的时候反而规矩比较多，与其这么受约束，还不如自由轻松地去看看书。

这个时候，男孩看书学习的状态是比较放松的，他反而能够学进去，而且还不累。所以，这也是让男孩劳逸结合的一种处理方式。

学习兴趣：
如果男孩不想上学了，我们该怎么办？

我想问你一个问题：你爱上班吗？请发自内心地、真诚地回答这个问题。如果不爱上班，理由是什么？如果爱上班，理由又是什么？我给你 5 秒的思考时间。5、4、3、2、1，好，现在，请问，如果孩子不想上学，不爱学习，你能理解吗？

这个问题，留待后续回答。我们开始今天的主题。

孔子曾说："知之者不如好之者，好之者不如乐之者。"意思是说，对于学习，知道怎么学习的人，不如爱好学习的人；爱好学习的人，又不如以学习为乐的人。这句话，为我们揭示了怎样才能取得好的学习效果的秘密——热爱学习，对学习有兴趣。

兴趣是一种心理倾向，是孩子在没有压力、没有负担的条件下产生的。当男孩对某一科目、某一事物产生了兴趣之后，他自然会全身心地投入，带着极大的积极性去学习和钻研，学习效果就会非常好。正所谓"兴趣是最好的老师"。

但男孩的兴趣并非全是与生俱来的，有的是靠后天环境影响形成的；男孩的兴趣也并非是一成不变的，有的是在学习、探索过程中形成的。那我们应该怎样激发男孩的兴趣，让他喜欢上学、喜欢学习呢？以下我讲 8 个方法。

第一，从"大学习"概念入手，培养男孩的学习兴趣。

什么叫"大学习"？大学习就不是小学习，就不是狭义的学习，而是广义的学习，甚至是泛在学习，就是无缝学习、普适学习、无处不在、每时每刻的学习。简而言之，就是随时随地地进行学习，获取所需信息，而不仅限于读语文、数学、英语课本，做练习题。

男孩淘气、好动、爱折腾、爱探索……这都是他求知的表现，也是他对事物感兴趣的表现。在这个过程中，男孩会主动运用各种感官去看、去听、动口说、动脑想、动手操作，积极探索，不断吸收，从而获取信息，这是他认识自然、认识社会的基础。其实这就是大学习。

所以，不要人为地、想当然地阻止男孩的这些活动，在保证安全的前提下，我们要鼓励他去折腾、探索，甚至我们可以跟他一起去折腾。浓浓的兴趣，会让男孩在不知不觉中学习。

我们也可以给男孩买一些他感兴趣的模型、手工制作半成品等，充分发挥他的动脑能力、动手能力。再辅以各种类别的"百科全书"，随时供他翻阅就好。但不要给他定阅读任务，他想看什么就看什么，想看多少就看多少，这样他的求知欲、探索欲才不会降低。

另外，支持男孩参加课外兴趣小组活动。课外兴趣小组活动是男孩身体和思想驰骋的广阔天地，无论是音乐、舞蹈、体育、美术、书法，还是天文、地理、化学、生物、航模、编程，每个兴趣小组活动都会有大量形象化的事物进入他的大脑，让他获取新知，爱上学习。

第二，不把自己的兴趣强加给男孩。

在生活中，很多父母把自己的兴趣当成男孩的兴趣来培养，让他上一些自己并不感兴趣的特长班。这些做法是欠妥当的。我们的兴趣不是男孩的兴趣，不能硬把我们喜欢的事物强塞给男孩。但可以把我们的兴趣告诉他，作为他兴趣选择的参考倒是可以的。

我们要善于观察，发掘男孩"狭义学习"之外的天赋和兴趣，作为特长加以培养。要坚信：男孩一定有自己的兴趣，也许是对某一学科感兴趣，也许他的兴趣与所学课程无关，但无论是哪一种，如果我们对他的兴趣不闻不问，甚至还要扼杀，或者是把我们的兴趣强加给他，那么叛逆的种子就会在他心里生根发芽，最终就会对学习产生厌恶情绪。

第三，了解男孩厌学的各种原因。

有一项调查显示："喜欢学习"的小学生仅占 8.4%，初中生仅占 10.4%，而高中生仅为 4.3%。可见，大部分孩子是不喜欢学习的。

随着男孩年龄的增长，厌学可以说是一种普遍现象。那厌学的原因是什么呢？

一是我们对男孩的期望过高，总是对他的学习成绩百般挑剔，甚至吼叫、打骂他，使他产生了强烈的畏惧心理，导致他心理压力增大，失去了学习的兴趣和动力；二是男孩完成了学校布置的作业后，还要上各种补习班、特长班，他没有玩耍的时间，从而开始厌烦学习；三是男孩人际关系差，经常和同学争吵甚至打架，感觉在学校不快乐，从而产生厌学情绪。

了解了男孩厌学的原因，我们就要针对这些原因做相应的教育调整。

第四，不要让男孩觉得他在为别人学习。

我讲一个很有意思的故事：

有几个男孩因为淘气，每天都会向一位老人的院子里扔石头，老人想了很多办法阻止都没有奏效。后来有一天，老人对他们说，他每天愿意给他们 5 块钱作为他们扔石头的辛苦费，男孩们都非常高兴，扔得很起劲了；第二天，老人就给了他们 2 块钱，男孩们扔得就有点不开心了；第三天，老人只给他们 5 毛钱，男孩们有点不想干了；第四天，老人对他们说自己经济拮据，只能给他们 2 毛钱了，男孩们认为自己扔石头这么辛苦，才给 2 毛钱，那就不干了！从此，他们再也没有来扔过石头。

一开始，男孩们是为了自己好玩而自发地扔石头，但自从老人开始付钱，男孩们扔石头的性质就变了，就成了为得到报酬而为老人扔石头。但随着报酬的递减，他们扔石头的动力也在递减，最终消失而不再扔了。我讲这个故事，想说什么呢？

其实男孩学习也是一样的道理，学习原本是男孩对未知领域本能的一种探索，是一种兴趣所在，他天生就爱学习，不然他怎么能学会走路、说话、辨识大千世界呢？男孩第一天上学时，他对学习充满了期待和好奇，但后来，为什么不爱学了呢？是因为他学习的兴趣或动力，发生了偏移。因为他认为学习是给父母、老师学的，是在父母、老师的逼迫下学的。比如，我们总是催他去学习，强调要考好成绩，这样他就会逐渐把学习的兴趣转移到满足父母的需要上。如果男孩认为学习是为了满足父母或老师的要求，那他学习的动力就会降低，就很难爱学习了。所以，要引导男孩明白，他是为自己学习的。这一点，我在后面还会再讲。

第五，改变对男孩的教育态度，降低对他的期待。

如果男孩已经厌学了，那就坚决不要再"高压"对待他，可以降低他的学习难度，善于发现他做得好的地方，哪怕是微小的细节之处，也要及时肯定他，毫不吝啬地表扬他，同时也要降低我们对他的期待。总之，对男孩要理解、接纳，不抛弃、不放弃。

第六，要关注男孩、关爱男孩。

有时候，男孩时不时地就跑到你面前跟你没话找话说，问一些无聊的问题，哪怕你吼他一嗓子，甚至骂他，他都很开心，因为他觉得那是你关心他。再就是故意弄坏东西，弄洒东西，甚至是故意在学校惹事、打架……为什么？你考虑过原因吗？可能是他认为你对他的关注、关爱不够，所以故意惹点事，来吸引你的注意力，寻求你的关注，确认你是不是还爱他。装病、不上学，可能也是一样的道理。这个，一般还真不太容易发现。这时候，我们就要反思，是不是冷落了男孩，是不是应该抽出时间来多陪陪他，要满足他被重视的愿望。

第七，改变方式，喊破嗓子不如做出样子。

男孩不想上学，不爱学习，我们的说教——苦口婆心地劝说——为什么不管用？因为大道理听多了，他就麻木了，耳朵就自动屏蔽了。怎么办？改变方式——与其说给他听，不如做给他看——因为喊破嗓子，不如做出样子。

孩子不爱学习，怎么办？我对这个问题发过一个微博："在孩子面前，最好是戒网，尤其是戒掉手机网，最好连电视也关了，你会发现，你的心变净（干净、清净）了，再捧起本好书，你的心变得丰盈了，孩子也变得爱学习了，也不用催促了。坚持一段时间下来，你会发现，你不仅没有失去什么，而是获得了太多，自己、孩子、爱人、家庭都受益了。你赚大了，恭喜你！"就是这个微博，就是这么简单的事，就看我们真干不真干了！

当我们自己都没有求知欲的时候，都没有主动去看书学习的时候，孩子想学习都找不到榜样呀！父母好好学习，孩子才会天天向上。

我们不要说自己工作忙没时间学习，放下手机捧起书（特别注意，是书，而不是报纸、杂志，因为看报纸、杂志在孩子眼里也是休闲娱乐），每天读十分钟书，一年时间，你的进步将不可估量。所以，不要总是苛责男孩，想想自己的工作和生活又打理得如何呢？改变孩子，先改变自己！做给男孩看，他内在的学习动力才会更容易被激发出来。

第八，教男孩立定志向。

这件事要尽早做，就是要尽早教男孩立定人生志向。明朝心学大师王阳明曾说过，"志不立，天下无可成之事"。也就是说，不立志，那就什么事都做不成。可见，立志非常重要。立志属于高度的人生智慧。如果男孩能领会立志的重要性，那他不仅是在戒除网瘾、游戏瘾这件事上不用我们操心，就是连他的学习甚至是未来的工作都不会让我们再操心。

明朝教育家朱柏庐说："读书志在圣贤，为官心存君国。"也就是说，读书贵在立志，最好是"志在圣贤"，立志成为圣贤君子，做一个对社会有用的人。

晚清重臣曾国藩曾说："不为圣贤，便为禽兽。"他认为，在圣贤与禽兽之间，没有折中选项，他对自己就是这样要求的。男孩要想有更大的担当与成就，一定要有强大的使命感和伟大的志向。有人说，太高了，达不到啊！没关系，"虽不能至，然心向往之"，虽然可能达不到这种高度，可是心里却一直向往着，也就慢慢离得近了。

有明确的奋斗目标，才不会走弯路，才会有无穷的动力，向着智慧与光明迈进。即使遇到困难，他也会努力努力再努力，而不会轻言放弃。我想，这个内容有机会再展开讲吧，因为一两堂课可能都很难讲透彻，但如果大家感兴趣，在这里先入个门也不错。

特别提醒，我们要坚信一点，如果做好了"立志"这件事，孩子戒网瘾、游戏瘾、写作业、学习，甚至是未来的工作、生活，都会变得轻松很多，也会避免走很多弯路。因为这是"道"，之前讲的可能是立竿见影的"术"，术、道结合，教育效果会更好！

成人成才：
怎样看待男孩的分数或成绩单？

我记得很多年以前，就流传着这样一句话："分、分、分，学生的命根；考、考、考，老师的'法宝'。"一个"分数"，真的是让太多人牵挂了。

在一些父母眼里，孩子成绩好，就是好孩子，那就美味佳肴伺候；孩子成绩差，就是坏孩子，那就吼叫打骂伺候。可谓是天壤之别。所以，这就需要我们思考一个问题：我们是爱孩子，还是爱孩子的分数？

孩子是一个有思想、有情感、有潜力，也有差异性的人，而分数只是一个数字，"分数"与"孩子"根本没有可比性。与其说分数是孩子的命根，不如说，分数是父母的命根。而父母拼命抓住这个命根，就等于抓住了未来的希望吗？当然不是这样。

当前，孩子因为成绩不好而患上心理疾病，甚至走极端的，并不罕见，甚至是很常见。我想，这肯定不是我们想要的结果。而且事实也证明，很多出色的人，成绩往往并不是最优秀的；而成绩最优秀的人，以后也未必成为最优秀的人才。

尽管如此，我依然认为成绩非常重要，但不是唯一重要的。

所以，我们应该正视分数的局限性，努力把孩子培养成对社会有用的人才，而不是考试机器。那么，我们应该如何去做呢？以下，我讲 8 个方法：

第一，要认识到男孩成绩的真正意义。

成绩只是对男孩学习情况的一个检验，在所考查的知识点中，他大概掌握了多少，还有多少没有掌握，是我们了解他学习状况的一个渠道。

我们不要片面夸大成绩的功能，成绩只能代表男孩学习的一方面，并不能完全证明男孩的学习成果，因为在考试中他如果粗心，或者没有掌握考试技巧的话，肯定考不好。所以，我们应该针对男孩的成绩，通过分析试卷，总结前段时间学习上的不足，重新复习这些薄弱环节，直到完全掌握为止。成绩单反映的是男孩学习上的小漏洞，指导他及时补上这个漏洞就可以了。接下来，要帮他计划下一步的学习重点，让他的学习更上一层楼。

第二，正确应对成绩不好的男孩。

考试本身对男孩并不构成很大压力，他担心的是考试成绩，以及我们面对成绩的态度。当男孩的成绩不理想时，他会出现自卑、心情低落等情绪。这时，我们应该理解、安慰他，让他重新鼓起勇气。我们也可以在男孩的成绩单上"发掘"值得表扬的地方，比如，卷面整洁，书写认真，某一类题型做得很好；等等，以此来激发他继续努力学习的热情和动力。

第三，改变观念，不以分数论英雄。

美国哈佛大学心理学教授霍华德·加德纳（Howard Gardner）曾指出，人有 8 种相对独立的智能：语言智能、数理—逻辑智能、视觉空间智能、肢体运动智能、音乐智能、人际关系智能、个人内省智能和自然探索智能。每个人都兼有 8 种智能，又突出某一种智能。而我们现行的考试制度大多以语、数、英、物、化、生、政、史、地为主，这就说明，语言智能和数理—逻辑智能强的孩子就会占优势，考试潜能自然大一些，分数也会高一些。

如果你的孩子恰恰是语言智能和数理—逻辑智能比较弱，那考试成绩很可能就会比较差了。换句话说，他就很难在"分数"上找到自信。而如果父母再把分数当成命根的话，那整个家庭可能就很难再有阳光灿烂的时候。

但语言智能和数理—逻辑智能是不是人最重要的两项智能呢？它们是不是能决定孩子的成功与幸福呢？当然不是，因为其他智能也很重要，比如，人际智能和内省智能就是其他智能得以发挥的平台。如果孩子不懂得与人交往、不懂得反省自己，哪怕分数再高，他的发展前途都很有限。而这两项非常重要的智能恰恰没有办法通过考试用分数测量出来。

所以，我们一定要改变观念，不以分数论英雄，不以分数去衡量孩子未来人生的好坏。

第四，不必强求男孩考 100 分。

我本来是想说，"不要让孩子考 100 分"，但还是改了一下说法。当然，"不要让孩子考 100 分"并不是我说的，这是国际数学大师、著名教育家陈省身给中国科技大学少年班的题词。可能这让我们有点不理解，谁不希望孩子考 100 分啊？

但中国科技大学当时的校长朱清时解释说："少年班的学生做学问，掌握精髓要义，考个七八十分，就可以了。不要为了考 100 分在细枝末节上浪费时间。要争这 100 分，就需要浪费很多时间和资源，相当于土地要施 10 遍化肥，最后学生的创造力都被磨灭了。"这段话值得深思。虽然我们认为，小学生应该考 100 分，但实际上，小学一年级现在考 100 分都已经不容易了。为什么？今天的考试跟二三十年前已经不一样了，试题很灵活，需要强大的思考力，有时候我们成人可能都很难一下读懂题目，何况是幼小的孩子呢？

再者，男孩在学习方面、思维方面，开窍也会比女孩晚一些，所以好学精神、思考能力，可能都不如女孩好。所以，我们要给男孩成长的时间，或者是要尽早鼓励、开导男孩，让他尽早对学习有一个较为深刻的认知，自动自发地爱上学习。

需要说明的是，能不能考 100 分，取决于他的能力，有能力的孩子即便我们不要求，他自然也会考 100 分；而能力差一些的孩子就是考不了 100 分。所以，不必强求男孩考 100 分。这次比上次好，就代表他是进步的，就值得肯定。

第五，了解"第十名现象"。

美国能源部前部长、诺贝尔物理学奖获得者、美籍华裔科学家朱棣文上学时，成绩徘徊在十名左右，而他的哥哥朱筑文成绩则一直保持班级第一名。参加工作后，朱棣文当上教授时，哥哥才是副教授，他获得诺贝尔物理学奖时，哥哥才当上正教授。

现实生活中，这样的例子还有很多。

杭州天长小学的周武老师把这一现象称为"第十名现象"：小学期间前几名的"尖子生"在升入初中、高中、大学，乃至工作之后，有相当一部分人会"淡出"优秀者的行列，而许多成绩在第十名左右的学生在以后的学习和工作中竟有非常出色的表现。

周武老师是在 1989 年偶然发现这个现象的，后来他又用了 10 年的时间研究这个现象，最后得出这个结论，就是"第十名现象"，也叫"第十名效应"。

我们也可以想一下自己的周围，当年学习成绩特别突出的同学，现在是不是特别有成就？所以，如果男孩成绩不是特别优秀，在班级能排十名左右，你就不用太着急；如果排不到第十名左右，那就想办法提升一下，而不要非得让他争前三名。

还有就是，很多男孩都是到初中，甚至初二、初三才发力，一举成为学业上的优等生。为什么？一是他开窍了，想学了；二是他之前的学习潜能没有被压榨，所以有爆发力。这就给我们一些希望，要么别着急，要么想办法让他早点开窍。

第六，男孩的成长比成绩更重要。

对男孩来说，高分与成长相比，成长可能更重要。我认为，除了知识之外，还应该教给男孩人生发展所需要的其他东西，比如说，成熟的心智、健全的品格与高尚的道德情感、强大的心理承受力、健康乐观的生活态度、孜孜不倦的学习热情、受益一生的良好习惯、从优秀到卓越的能力资本、人际交往的智慧等，这些更多的是在家庭中靠父母来教的。

我们要善于捕捉男孩分数之外的闪光点。比如，男孩可能成绩不太好，但他爱助人为乐，吃苦耐劳。其实，这就是男孩的闪光点。男孩的好坏，取决于人品，而不是聪明才智。不能因为他一时成绩差，就对他的其他优点全盘否定。否则，就会限制他其他方面的发展。

一句话，男孩的成长比成绩更重要。因为成绩只能代表男孩的学生时代，而品德、能力等却能决定他一生的生活是否幸福、事业能否成功。但这并不是说成绩不重要、100 分不重要。如果男孩很轻松就能掌握知识、不靠压榨时间就能取得好成绩，那当然非常好。我反对的是，那种靠压榨时间、拼命补习而取得好成绩的现象，尤其是在小学三年级之前。很多男孩，一、二年级都是吃的幼儿园的老本。如果这个老本吃完了，三年级的成绩分水岭就出来了，所以，我建议给男孩玩儿的时间，不要把所有的时间都用来学书本。

我衷心希望，大家能重新审视自己的家庭教育，想想自己到底应该给男孩怎样的教育，才能让他真正健康成长，为他一生的幸福奠基。

第七，因材施教，把男孩培养成人才。

古今中外的历史事实证明，分数高的人不一定以后会成为有成就的人，而很多"顶级人才"从小都不是分数高的人。很多所谓的"笨小孩"

长大后都成了"教育的奇迹"，都取得了非常好的成就。所以，我们要重新审视男孩，要看到他的天赋，了解他的心理特点，按照他的性格、喜好、潜质，引导他去走适合他的教育之路，而不要抓住"分数"不放。不然，就很难看到男孩其他方面的优势，看不到优势，也就不可能"因材施教"，把他培养成人才。

第八，重视培养男孩的孝心，从而让他自动自发地学习。

孔子曾说过："夫孝，德之本也，教之所由生也。"也就是说，孝心、孝道是德行的根本，也是一切教育的生发点。没有孝道的教育是不完整的。

一个孝敬父母的孩子，无论是在学习上，还是在生活上，都会尽力让父母开心。比如，就像《弟子规》所说的，"亲所好，力为具"，一个有孝心的孩子，知道父母希望他能学习好，他就会主动地学习，根本不用父母催、不用父母操心。在孩子看来，学习好就是对父母尽孝。这样，他的成绩还会不好吗？一个孝敬父母的孩子，也会尊敬老师，正所谓"孝亲尊师"，这也是《中小学生守则》第五条的要求。想想看，如果孩子尊敬老师，老师讲的课他就会认真去听，也就是"亲其师，信其道"，学习对他来说是自动自发的事，成绩想不好都难。

所以，重视培养男孩的孝心，这样他既会做人，又会做事，更会学习，所以也就更容易成人与成才。

4

情绪管理:
培养能自控、会自控的高情商男孩

情绪表达：
你会允许男孩用哭来表达情绪吗？

哭，其实是一种情绪表达方式，任何人都有权利用哭来宣泄情绪。然而，很多父母却把男孩看成是勇敢和坚强的"化身"，认为他在任何时候都不应该轻易掉眼泪，因为只有弱小的、令人怜惜的女孩才有权利哭，所以男孩哭就是一种懦弱的表现。

于是，每当男孩掉眼泪的时候，很多父母都会马上制止："你是男子汉，哭什么哭？像个女孩子，记住'男儿有泪不轻弹'。"就这样，男孩哭的权利被父母强行剥夺了。

难道男孩就真的没有哭的权利吗？其实不然，既然上天赋予了人类哭泣的权利，那么这种权利就不分性别。男孩哭，就说明他不是男子汉了吗？事实上，男孩也有脆弱的时候，也会遇到过不去的"坎"和不开心的事，更会因此而流眼泪。

我们只知道"男儿有泪不轻弹"，却忽略了后半句，那就是"只因未到伤心处"。这是明代戏曲家李开先的戏曲代表作《宝剑记》中两句很有名的唱词。意思是说，男孩之所以不轻易掉眼泪，只是因为还没有到让他真正值得为之伤心流泪的时候。

比如，男孩看到触动人心的场景时，他会流下感动的眼泪；男孩获得成功时，他也会流下激动的眼泪……当男孩面对这些情境时，难道我们也要剥夺他哭的权利吗？这一切都是很自然的情感流露！我们又何必用所谓的标准去判断他该不该哭，该什么时候哭，该怎样哭呢！

如果男孩不能用哭来表达情绪，而且也没有其他表达方式，那么他的情绪得不到宣泄，就会被压制在内心深处。当被压抑的情绪越积越多时，势必会影响他的身心健康。这与女孩是不太一样的。所以，儿童心理学研究表明：在孩提时代，男孩比女孩更容易抑郁。

而眼泪具有调节情绪、促进身心健康的作用。研究发现，人们哭泣时流下的眼泪中，含有人体内过多的激素，正是这些激素让人们产生了烦恼。所以，哭可以帮人们缓解压力，减轻痛苦，使心情释然。所以，我们就不要用固有的观念，阻止男孩以这种方式调节情绪。

另外，与女孩相比，男孩不善言辞、不善倾诉，不愿意向我们表达内心的感受，也不会轻易表露自己脆弱的一面。所以，我们更应该关注男孩的情绪变化，并鼓励他表达自己的情绪。这样，我们才能知道他究竟在想什么、他在担心什么、他遇到了怎样的问题或困难，才能有针对性地去帮助他。在这里，我提出7点建议。

第一，留意男孩的一些异常表现。

我们不要想当然地认为男孩的一些异常行为是他在捣乱，其实有时他是在用这些异常表现来提醒我们：他有情绪。比如，突然不听话，无论我们说什么都不听；突然非常懒散，不愿意起床，不愿意上学；以前感兴趣的东西突然不喜欢了；突然变得易怒，一点事情就会表现得极为暴躁；摔东西，甚至伤害自己……我们要注意观察，一旦发现有异常，就要引导他把内心的不愉快情绪释放出来，努力帮他解开心结，从而让他的内心尽快恢复平静。

我讲一个案例：

有一天，一位爸爸发现儿子的右手拳头凸起的关节处擦破了皮，看上去情绪也很低落，就问是什么原因。儿子却一脸无所谓地说："没事。"

不过爸爸还是不太放心。

第二天，他在儿子卧室的墙壁上发现了几丝血迹，他猜儿子可能是用手砸墙了。

于是，晚饭过后，爸爸问儿子："是不是心里有事？来和爸爸说说！"

听了爸爸这句话，儿子的眼泪忽然掉下来了，他哭着说："爸爸，这次考试我考得太差了！"接着他就诉说起来……

儿子宣泄完了情绪，爸爸开始帮他做试卷分析。

最后爸爸说："出了问题我们可以想办法解决，但伤害自己可不是好方法。"

儿子也终于平静了下来，他内心的结解开了，也不再难过了。

他说："爸爸，谢谢您！我知道该怎么做了，我会努力的！"

这位爸爸很有教育敏感度，当他发现儿子有异常表现时，立即询问儿子发生了什么事，并及时给予了儿子开导和安慰。

男孩的情感表达有时让人出乎意料，但我们要能正确看待他的这种行为。这是因为男孩体内睾丸素的作用，使他更愿意用肢体语言来表达自己的情绪。所以，我们要留心他的异常表现，鼓励、引导他及时把他经历的事，以及感受说出来，并帮他学会调整情绪。

第二，要学会倾听男孩的心声。

有时候，男孩在遇到困难、情绪低落时会向我们诉说，虽然他不会像女孩一样哭哭啼啼地说自己有多委屈，但他却期待我们理解他的感受。所以，当男孩主动向我们表达情绪、情感时，我们应该更加认真地倾听，允许他宣泄负面情绪。

要明白，这个时候，他只需要一个倾听者，而不需要一个说教者。所以，我们倾听就好，有人听，他就会说，说出来，就等于为自己心理解压了。

如果我们对男孩的倾诉没有表示出愿意倾听的态度，男孩以后可能就不会再向我们诉说，而那些不良的情绪就会压抑在他的心里。

另外，如果男孩在情绪不稳定的情况下，言语有些偏激，我们也不要立即提出批评，否则，会让他觉得我们不理解他，反而加重了他的叛逆心理。我们可以在他情绪平静后，心情较好的时候向他提出来，并帮助他分析错误观点，提出改正建议。

第三，允许男孩哭，不强行去阻止。

很多时候，男孩的坚强只是一种表象，是他迫于外界的期望和压力而不得不伪装出来的。事实上，他的内心也会有许多秘密，很容易受伤，就像只蜗牛一样，用坚强的外表掩饰着自己脆弱的心。有的时候，男孩会用手击打墙壁以示愤怒，就像前面案例讲的一样，在别人看来这样做很傻，但他却认为这是一种很畅快的发泄行为，因为他不好意思哭。

但当男孩哭的时候，说明他当时的情感是很脆弱的，已经无法掩饰或伪装了，所以他需要有人来安慰。这个时候，我们一定不要强行阻止他哭，否则，他就会把哭的欲望憋回去，强迫自己不哭。而这个强大的情绪没有找到出口时，只会给男孩的身心造成伤害。所以，我们要让他痛痛快快地哭出来，并对他的情绪表现出理解或认同，及时安慰他、开导他，对他表示理解、关心和同情，用我们的关爱去缓解他的悲伤情绪。如果他感觉很难受，但却一直隐忍不发，我们也要鼓励他哭出来。不要给他讲大道理，因为他听不进去。

第四，不要在男孩哭的时候责备他。

古代有"七不责"之说，就是在七种情况下，我们不要责备孩子，其中一种就是"悲忧不责"。具体来说，当孩子因感到悲伤、沮丧、懊悔、忧愁、惭愧而沉默不语或哭泣的时候，我们不要责备他，也许他已经认识到了自己的问题，那就不要穷追猛打，否则他会感觉自己不被理解，就会让他更加伤心，而且也会让他从心理上排斥父母对他的教育，得不偿失。

第五，寻找男孩爱哭的原因，并对症下药。

哭虽然是一种权利，但凡事都要有个度，如果男孩特别爱哭，动不动就哭，就不是好现象，就有点问题了。这时候，我们就要寻找男孩爱哭的原因，并对症下药。

比如，男孩试图用哭的方式来引起我们对他的关注，那么，我们就不要只在他哭的时候才关注他，而是在平日里多给予他关注。

又如，他可能在潜意识里觉得自己很娇贵，要用哭的方式让我们怜悯他，或者是对他再好一点。这时候，我们就要想想，是不是平时太过于保护他、溺爱他、娇惯他？如果是，我们要做的个是阻止男孩哭泣，也不是给他讲"哭解决不了问题"的道理，而是从教养方面放手，鼓励他自理、自立，创造机会让他去做力所能及的事，适度忽视他的撒娇行为……这样一来，他的意志力坚强了，也就不觉得自己娇贵了，自然就不会随便哭了。

第六，对男孩进行"勇敢教育"。

当男孩哭过之后，我们也不要忘了对他进行"勇敢教育"，告诉他，他应该勇敢地面对这件事，应该战胜它。这与阻止他哭是两回事儿。这是允许他哭之后做的事，也就是哭完，还不能完，不能结束，还要进行后续的教育——勇敢教育或挫折教育。

我们要鼓励他多学知识，鼓励他通过日常的各种小事磨炼增长本领，培养他的吃苦精神，提高他处理问题的能力和危机意识，增强他应对各种困难的适应能力和心理承受力。这些内容，我还会在后续的章节中详细讲述。这样一来，当他再遇到难过的事情时，他应该能够主动想办法去解决，而不是只用哭泣来表达情绪。

第七，帮男孩找到更好的处理问题的方法。

哭只能发泄情绪，并不能解决问题。所以，当男孩发泄过后，我们还要帮他找到处理问题的合理方法。比如，可以就男孩哭的原因和他聊一聊，帮他分析他哪里还需要改进与完善，或者他忽略了什么重要细节……如果我们也曾经遇到过类似的事，也可以跟他分享一下经验。

不过，这时候最好不要随意说教，比如，不能说："让你听我的话你不听，现在好了吧！"这就有点幸灾乐祸的感觉了，会让男孩心生反感；当然，我们也不要妄加评论，不要因为男孩哭就说他做得不好或不对，我们要结合实际，给男孩合理的意见与建议。

延迟满足：
男孩鲁莽易冲动，怎样进行延迟满足训练？

前面讲过，由于受到睾丸素和思维方式的影响，男孩确实比女孩更容易做出冲动、鲁莽的行为。但我们就看着他冲动不管吗？当然不是。因为冲动、莽撞行为往往会给男孩带来很多麻烦，可能会产生难以预料的后果，甚至一时冲动可能会酿成大祸。那有什么办法来改善这种状况呢？当然有，那就是通过延迟满足训练来缓解他的冲动、教他学会自控。

而要讲延迟满足训练，我就得把延迟满足训练实验或者叫"棉花糖实验"的前世今生都讲清楚，讲彻底，讲得明明白白，而不是简单地解读，一知半解地说一说就完了。所以，接下来，我将多花费一点时间讲这个实验，这样我们才能客观看待它，合理使用它。

1966 年，美国斯坦福大学的沃尔特·米歇尔（Walter Mischel）教授在一所幼儿园进行了这一项经典实验。

他给参与实验的每个孩子都发了一颗非常好吃的棉花糖，并对他们说："如果你们马上吃糖，就只能吃 1 颗；如果 20 分钟后再吃，我就再奖励给你们 1 颗。"

在等待的过程中，有的孩子经不住棉花糖的诱惑，马上就吃掉了；有的孩子用唱歌、蒙眼睛等各种方式转移注意力，让自己耐心等待，暂时不吃棉花糖。结果，这些能够自控的孩子如愿以偿地得到了 2 颗棉花糖。

之后，米歇尔团队继续跟踪研究接受这个实验的孩子，一直到他们高中毕业。

跟踪研究的结果表明：那些迫不及待吃掉 1 颗棉花糖的孩子，在青少年时期，表现得比较冲动、固执、虚荣，面对欲望无法控制自己，一定要马上满足欲望，才能静下心来做其他事情；而那些能等待并最后吃到 2 颗棉花糖的孩子，在青少年时期，则表现得更加自信，并具有一种为了更远的目标而暂时牺牲眼前利益的能力。

通过这个实验，可以得出结论：能够等待的那些孩子（也就是能有效地进行自我调节和自我控制，可以为了更有价值的长远目标而主动放弃即时获得满足的孩子），未来做事的成功率，在学习、生活上的自控力，要明显好于那些不能等待的孩子。

这个结论当然没错，但其实很多人对其都产生了误解。

第一，实验中的"延迟满足"，是孩子自己作出的决定，然而现实中的很多延迟满足却来源于父母的判断和决定。

1976 年，一个研究小组发表论文指出：如果孩子发现"自己可以掌控延迟，可随时自主停止"时，他的主动延迟时间会长；但如果他发现"别人控制延迟，自己只能被动遵守"时，他的延迟时间就会大幅缩短。

也就是说，主动延迟和被动延迟对孩子来说差异很大。当孩子体会到了"被动感"，他的先天本能情绪之一 —— "愤怒"情绪系统就会被激活，自控能力就会受到干扰。

第二，实验者提出一个结论——"如果孩子在四五岁时发展出一定的延迟满足能力，他在长大以后取得成就的可能性就会更大"，但是这个能力却需要后天培养，并不具备先天性。

1992 年，米歇尔教授的研究小组在研究报告中明确指出，4 岁以下的孩子大多不具备延迟满足的能力，但 5 岁以上的孩子就已经出现了萌芽，大多数孩子则在 8 ～ 13 岁时，已经可以较好地发展出延迟满足能力。这个结论与最新的神经发育研究结果吻合。

在《棉花糖实验：学会自我控制》一书中，米歇尔教授写过这样一段话："我们最重要的发现是关于自控——这个人们控制自我感情的能力，其实是可以被教导和学习的。这些都可在后天获得，没有什么是命定的。"

然而，这依然不是我们对这实验所理解的全部。这个实验后来又被经过改进重复了一次，实验人员向我们展示了一个新的结论。

进行这个重复实验的是，美国罗切斯特大学心理学教授塞莱斯特·基德，他成立了"延迟满足再研究小组"，并在 2012 年时发表了最新研究成果。

他的研究人员在原实验的基础上进行了改进，分成两步，同时将接受实验的孩子也分成了两组。

第一步，研究人员告诉孩子，等待会得到新蜡笔。一段时间后，一组孩子得到了新蜡笔，另一组孩子因为"成年人的食言"，而没有得到新蜡笔。

第二步，研究人员继续进行实验。那些得到了新蜡笔的孩子，在棉花糖实验中通过测试的比例，要比另一组孩子高出 4 倍。

于是就有了另一个结论：当孩子们感受到成年人可以遵守承诺时，他们会更愿意实现自我控制。

2011 年，另一个课题小组的研究也证明一点，那些平时比较容易得到棉花糖的孩子，更容易主动延迟满足；相反，以前经常被训练无法轻易得到棉花糖的孩子，有人控制时会接纳延迟满足，可一旦没有了控制，他们就会立刻表现出占有，也就是根本不等待。

从这一系列研究结论中可以发现，延迟满足并不能随便用，只有恰当地运用，才可能有效培养男孩学会自控。那我们具体应该怎么使用延迟满足这项技术呢？以下我讲 6 点：

第一，及时有效回应与满足孩子的基本情感需求。

从孩子小时候起，对他的情感呼唤，我们应该及时有效回应，这样一来，他的某些渴望就不会那么强烈，也就越容易引发他的自我控制。也就是说，孩子从小具有足够自主的机会，情感能够得到充分的回应，他的自控能力也将越强。

换句话说，延迟满足训练，是有基础或前提条件的，就是孩子的基本情感需求要得到满足，就是不要过早地使用延迟满足的方法。什么意思呢？可能你已经听糊涂了。

没关系，我仔细深入地讲讲这个问题。

比如，前几年，国外有所谓的研究表明，婴儿越哭越不抱他，或者是不立即去抱他，而是等过一会儿再去抱，或者他不哭的时候才抱，说这样可以训练婴儿的独立能力。这在某种程度上，也属于延迟满足。但我非常反对这个做法，因为婴儿不会说，他只能靠哭来表达生理和情感需要，比如吃喝拉撒的需要、安全感的需要，但如果我们不及时回应他，不及时满足他，他就会对父母甚至这个世界感到心寒、冷漠，就会没有安全感，即使训练出所谓的"独立能力"也是假的，那是以牺牲孩子健康的心灵为代价的，是绝对得不偿失的。

我曾在生活中见过这样的例子，就在我所居住的小区里，那个在婴儿车里的孩子已经全然目光呆滞，对什么都不感兴趣了，而他的妈妈还在极其无知地、大肆宣扬她的"不立即抱孩子""让孩子从小就独自睡觉"的谬论。这是非常令人遗憾的。所以，如果你的男孩还小，或者你有要二胎的打算，千万不要盲目相信这样的论调。

也就是说，要从小给足孩子安全感、情感的需要，让他对这个世界感到友好而不是恐惧，等他 5 岁的时候，再进行延迟满足训练。

第二，不要"超前满足"或是"超量满足"孩子的要求。

具备"延迟满足"的素养，是孩子走向成功应该具有的一种重要心理素质。遗憾的是，很多妈妈在孩子提出要求的时候，总是立即满足他，甚至有的妈妈还"超前满足"或是"超量满足"孩子的要求，这会直接导致孩子缺乏"延迟满足"的素养。

所以，我们应该从孩子小的时候（5 岁），就注意用延迟满足来培养他的注意力、自制力、抗压力等好品质。

有一位妈妈很注重对儿子"延迟满足"的训练。5 岁的儿子如果想吃蛋糕、想喝果汁、想要玩具，妈妈一般都不会立即满足他，而是会先告诉他不能立即满足他的原因，然后顺势提出条件："如果你能多等一会儿（多等几天），妈妈就会买一个好吃的大蛋糕（或一个功能更强大的玩具）给你。"就这样，等一两个小时甚至几天后，妈妈才会满足儿子的愿望。

因为有了期待，儿子在得到自己想要的东西后总是会非常高兴，也非常珍惜。

如今，儿子已经上二年级了，他的忍耐性和注意力都比同龄的孩子强，不管是干什么，他都非常专心，而且能抵挡住周围的一些诱惑。

比如，有的孩子在上课的时候会忍不住把零食掏出来吃，或是和周围的孩子说话，可是他却能忍住吃零食、讲悄悄话的欲望，把注意力都集中在课堂上，认真听讲课。

所以，不要觉得延迟满足孩子想要糖果或玩具的要求是件小事，要知道，那些能够长期专注于学习的孩子、能够自控的孩子，正是从当初没有立即吃掉糖果、玩玩具开始成长的。

对于孩子突然提出来的要求，我们也要好言好语地表达拒绝，告诉他"现在不行，妈妈很忙，请等一下"。即便他哭闹起来，也不过是他在尝试试探我们的忍耐底线，所以在能保证他健康、安全的前提下，对这种哭闹不用过多理会。

第三，延迟满足训练应该循序渐进。

不管做什么事情都要循序渐进，对孩子延迟满足的训练也是一样，我们不能一开始就期望孩子能等待 20 分钟，这太不现实。其实，对孩子的延迟满足可以从 1 分钟开始，然后，再一点点地增加他等待的时间，从 1 分钟、几分钟到十几分钟……这样递增地对孩子进行训练。如果孩子能耐心地等下来，我们不仅要满足他的要求，还应该给他一些精神鼓励，以增强他的信心。这样孩子就能慢慢学会自我控制，专注力也会越来越强。

第四，不要过分关注等待中的孩子。

在循序渐进地训练孩子等待的过程中，我们要注意，不要对等待中的孩子过分关注，因为我们的关注很可能会让孩子利用撒娇、哭闹等行为逼迫我们妥协，从而立刻满足他的要求。

孩子会因为等待而觉得烦闷，他可能会唉声叹气，甚至用哭闹来吸引我们的注意力，这时，我们要狠下心来，不理睬他的这些小把戏，让他知道他的那些行为，无法让他的要求立即得到满足，只有等待，他才能获得想要的满足。当孩子耐心地等我们忙完了事情之后，别忘了给孩子一个拥抱，告诉孩子他做得很好。

但有时候，男孩不知道该用什么方式度过这段时间，他除了无聊地坐着之外，可能就无所事事了。我们要教他学会利用这段时间，比如，提醒他"去看看书，去玩会儿玩具"；或者给他布置个小任务，"去整理一下玩具筐"；等等。这也是在培养他自我约束（自控）能力。

第五，记住：这只是在延迟时间，而不是拒绝要求。

有的父母对延迟满足会有一种错误认知，认为延迟到一定程度之后，就是可以不用再满足男孩的要求了，认为这也会阻止他总是提出要求。这其实是错误的。延迟满足，只是在延迟男孩愿望实现的时间，但他的要求却是不能被忽略的。

等男孩等待的时间一到，我们就要马上满足他的要求，这也体现了我们的信用。要知道，他是不会忘记这件事的，即使暂时忘了，过后也会想起来的，所以我们不要自找麻烦。

第六，要客观、科学地看待"延迟满足效应"。

延迟满足，不是万能的，并不适用于所有的孩子。1992年，米歇尔教授的研究小组在其报告中明确指出，5岁似乎是"延迟满足"训练的一条重要分界线，4岁及以下的孩子并不具备延迟满足的能力。这也是我在前面一直强调5岁这个年龄节点的原因。

还有几个细节需要注意，比如，主导延迟满足的成人是否可信，非常重要；再如，眼前的"棉花糖"到底有多么稀缺，在不同孩子的眼里是不一样的，因为有的孩子平时经常被满足吃"棉花糖"，所以"棉花糖"对他的诱惑力不大，他就能延迟很久，而有的孩子平时没有得到过"棉花糖"，所以他延迟的时间就相对较少；又如，在某种意义上，孩子渴望的来自父母的关爱情感及周围环境的安全感可能也近似于"棉花糖"……

总之，延迟满足训练是相对的，不是绝对的，有一定的参考价值，但其对孩子的影响不是"决定性"的，这点值得我们注意。

最后，我想总结一下。在前半部分，我以较大篇幅对心理学上经典的"延迟满足训练实验"或"棉花糖实验"的前世今生做了系统阐述。虽然很多人都知道这个实验，但我相信，绝大部分家长没有听过这么系统的讲述。另外，我又讲了如何运用这项技术来教男孩学会自控的6个要点，内容应该比较深刻，希望你能从中受益。

情绪控制：
怎样教脾气大的男孩学会掌控情绪？

我想，这个主题，你可能会比较期待。的确，脾气大的男孩，简直是太常见了。几乎所有的男孩都会因为各种你意想不到的小事，而动不动就乱发脾气、耍性子。比如，不高兴就大喊大叫、大哭大闹；他要干什么，我们要是不同意，他就在地上打滚，越劝越不听，你弱他就强，不答应他就善不罢休，即使答应，他可能还会再"加码"，再进一步跟你讨价还价、得寸进尺。面对这个"暴脾气"男孩，很多父母都会非常头痛。因为他一旦闹起来，会让人感觉不可理喻，而且好像还真没有好办法应对。

另外，耍性子、发脾气时的男孩，并不会轻易接受我们的开导或教育，他可能很容易就委屈地哭起来，或是敏感脆弱，或是后悔刚才为什么不再努力一下，也许就能得到那个想要的东西，或是装可怜，以博得我们的同情，进而让我们改变主意，满足他的愿望……如果我们再继续说教，他可能就会开始变本加厉地耍性子、发脾气。

尤其是在一些公共场合，男孩稍微不满意，或者是没有满足他买东西、吃东西、玩儿的各种愿望，他就会撒泼耍赖说，"我不要……""我就要……"我们好说歹说都不管用，让我们很没有面子，也很有挫败感……

实际上，几乎每个男孩都有情绪不好的时候，因为年龄和能力问题，他没有办法更好地掌控情绪，甚至表达能力也不足。想想看，一个既不能掌控情绪、又不能顺畅表达自己的男孩，在不如意的时候，忍不住发脾气，是不是也可以理解呢？我想，应该可以理解。但我们也不能听之任之，还是要认真对待这件事。

瑞士著名儿童教育家、儿科医学教授雷默・拉尔戈（Remo Largo）曾将孩子类似于发脾气、挑衅这样的冲动行为称为是"常见于儿童的（教育）危机"，他这种观点在 2～4 岁的孩子身上非常适用。因为这个年龄段的孩子很多都会化身为小炮仗，一点就着，动不动就发火。

虽然按照拉尔戈教授的说法，孩子出现大发脾气的现象是常见的，但这也是一种成长危机。假如不及时克服，任由其继续发展，那么孩子的暴躁脾气将会变成习惯。他可能会越来越不能好好控制自己的脾气，从而可能形成影响他一生的暴躁性格。

那怎么去应对呢？我想，不妨试试下面这"三部曲"。

第一，分析一下，到底是什么让孩子这么愤怒。

孩子可能因为各种原因而愤怒，比如，早上起床后就莫名其妙地生气，这也被称作"起床气"。为什么会这样？因为早上起床可能会有低血糖现象，或是没有睡醒，就容易出现这种情形。怎么办？不妨多一些耐心，包容他，对他的情绪进行淡化处理，因为起床气一会儿就过去了。当然，有时候情感的包容与支持，可能不如一杯橙汁来得更实在。一方面，橙汁里就蕴含着情感的包容与支持；另一方面，橙汁有助于恢复孩子的低血糖，从而有效缓解起床气。

再如，有的孩子是在跟自己较劲，一做不好事情，就会着急生气、乱发脾气。又比如说，一些父母不信任孩子，或者逼他去做不愿意做的事，或者对孩子有各种各样的误解……这都可能激起孩子的不满情绪，从而变成一个"暴脾气"小孩。

越是这时候，我们越应该理解孩子的激动，接纳他的不完美，对他的期望或要求适当降低一些。这样，我们才能更平静地观察孩子，从而发现他愤怒的根源，也更利于我们的改进。当我们改变了，孩子可能也就轻松了，自然也会少很多脾气、情绪和愤怒。

另外，也可能是我们脾气暴躁影响了男孩，这就需要我们控制好情绪，在家里也要制造良好的情绪氛围。多一些积极、乐观、豁达的情绪，少一些消极、悲观、愤怒的情绪，这会积极影响男孩，让他不再因为一点小事就陷入烦闷中，而是能积极正向地去面对问题。

第二，不要对孩子大发脾气这件事过度关注。

有的男孩发脾气其实是为了博得关注，假如我们真的回应了他，那他可能就会发现，原来发脾气也能受关注。这就会强化他这种行为。所以，孩子如果发了脾气，我们不要上前去承受他的脾气，不能照单全收。当然，可以给他一些安慰，并且表示理解他的怒气，这可能会让他感觉好受一些。接下来，就不要再一直安慰下去了，因为凡事要有度，物极必反，而是要等他自己安静下来，之后，我们可以给他一个拥抱，对他所做的自控努力表示肯定。

第三，适当"暂停"孩子的一些活动。

男孩的脾气一旦起来，可能就会闹一阵子。如果他过于无理取闹，那就给他适当的惩戒。比如，暂停他的一切活动，让他面壁反省，直到他安静下来。

当然这期间，要保证他的安全，也要保证他不会破坏东西或伤到他人或自己。他静下来后，我们可以告诉他，发脾气解决不了问题，这个惩戒是为了让他学会安静、学着自控。

以上，我是从比较理论化的角度解读男孩脾气大、不能自控的原因和有关应对方法。下面，我再讲一下如何教男孩掌控自己的情绪，主要讲4个要点：

第一，告诉男孩，情绪可控，也会传染，不要肆意释放坏情绪。

如果男孩掌控不了情绪，不仅会影响他的性格，容易让他变得沉默、悲观、急躁，还容易导致其生理机能失调，从而引发生理疾病。所以，要教他学会掌控情绪。

在平时，我们要给男孩传递一个信息：情绪是可以控制的。我们还要以身作则，要做到能控制自己的情绪。为什么我们都要控制情绪？因为掌控情绪，才能掌控未来；因为情绪会传染，如果不控制，可能就会产生难以预估的不良后果。

比如，在心理学上有一个著名的"踢猫效应"。

说的是，一家公司的董事长有一次因为超速驾驶而被警察开了罚单，结果那天他迟到了。气愤至极的董事长就将气撒在了销售经理身上，他把销售经理叫到办公室狠狠地训斥了一番。

挨了一顿训的销售经理也憋了一肚子气，回到自己的办公室就对秘书好一番挑剔。

平白无故受到牵连的秘书也觉得窝火，便开始找电话接线员的茬儿。

接线员受到数落后，回到家也依然心情不爽，只得对着自己的儿子大发雷霆。

儿子莫名其妙地就受了一顿训斥，自然也恼火不已，最终无处撒气的他，对着家里的猫狠狠地踢了一脚。

猫很害怕，就逃到街上，正好一辆卡车开过来，司机赶紧避让，没想到却把对面的小车给撞了，而那个小车司机正是前面那家公司的董事长。

可见，消极情绪导致的连锁反应是很可怕的。所以，要控制情绪，避免"踢猫效应"的发生，别让自己成为坏情绪的制造者和传递者，这是我们要知道的，也是要让男孩知道的。

第二，学会转"怒"为"恕"。

人不要轻易发怒，这个"怒"字，是上"奴"下"心"，也就是发怒，就是做了心的奴隶；要懂得"恕"，宽恕，这个"恕"字，是上"如"下"心"，就是如其心，也就是懂得站在对方的立场上考虑问题，设身处地、感同身受，宽以待人，这样，就不会被坏情绪所控制了。这是中国汉字的智慧。我们要学会体悟其中的深意，也要引导男孩去体会。

第三，教男孩学会合理释放情绪。

我讲一个例子：

有个 6 岁男孩，每当小朋友不依着他、不顺着他的时候，他就会生气地挥着小拳头打小朋友，一边打一边嚷："我打你，我打你……"

还有个 12 岁男孩，每当遇到不高兴的事情时，他就会用拳头狠狠地往墙上砸，直到手被砸得通红，甚至破皮流血。

我来分析一下他们释放情绪的方式：6 岁男孩，是用打人的方式来释放情绪，而 12 岁男孩，则是用伤害自己的方式来释放情绪。可以说，这两种释放情绪的方式都不合理，根本无法纾解压抑在内心的情绪，反而可能会加重不良情绪。

所以，要教男孩学会合理释放情绪，比如，看看电影、听听音乐，做自己喜欢的事，以此来分散注意力；也可以出去活动一下，或者是痛哭一场，释放内心的消极情绪；还可以找好朋友、家人倾诉，聊一聊自己的烦恼，从他们那里得到更多的安慰与帮助；也可以"吐故纳新"——不必说话，就是深（深深地）—呼（呼气、吐气）—吸（吸气）；更可以找出自己小时候的照片、视频，好好欣赏一番，重回当年的美好时光中……总之，接纳情绪，不跟自己较劲。只要想平静，就总有办法平静下来。这样，男孩就能学会释放情绪、控制情绪。

第四，倒数三秒，跟男孩一起控制情绪。

男孩的坏情绪会引发我们的坏情绪，这种概率非常高。一些父母本身也是暴脾气，可能比男孩的情绪来得还要猛烈。这样将更不利于男孩排解自己的情绪。

尽管我们和男孩都想保持情绪平和，却并不容易做到。

既然这样，不妨学着按下情绪的"暂停键"。当情绪上来时，我们和男孩都处在各自的负面情绪中时，要抓住某个机会，跟男孩一起倒数三秒——3、2、1，然后一起按下情绪爆发的"暂停键"。比如，可以说："现在我们都太激动了，所以都需要暂时安静一下。"接着，我们和男孩都退回到一个安静的空间，慢慢冷静，然后再去处理后续事宜。

初次这样做，效果可能会有限，因为彼此总是希望能够据理力争。但还是要努力控制这样的想法，不要争，然后抓住时机喊停。几次下来，喊停的时间就会往前提。有一天你可能就会突然发现，你的情绪刚想爆发，男孩就会脱口而出："让我们先冷静一下吧！"这样，情绪也就不会继续爆发了。也就是说，"倒数三秒，一起冷静"这种做法，可能很难一用就灵，可能需要较长一段时间才能看到效果。所以，这对你和男孩的耐心都是一种考验。

在"倒数三秒"后自我平静的这段时间里，要注意正向梳理情绪，多根据事件本身去思考，不要想"儿子居然不尊重我，还和我吵架"，否则，就会越想越气。

总之，这个难得的安静时间是让双方冷静的，而不是用来"养精蓄锐"以备下一次情绪爆发的，所以我们和男孩都应好好利用这"倒数三秒"后换来的冷静时间，平复情绪，重新思考，争取再见面时，"销兵洗甲"而不是"剑拔弩张"。

善良感恩：
如何培养男孩的同情心，让他做事有底线？

这个主题，有 3 个关键词，分别是善良、感恩和同情，三者有较大关联性，比如说，一个善良的人，他是懂得感恩的，也会有同情心；而一个懂得感恩的人，他的心肯定是善良的，心善，就会有同情心；而一个有同情心的人，内心一定是柔软的，当然就是善良的，也是懂感恩的。由此可见，善良、感恩和同情，关系紧密，甚至说是互为因果关系。

这三项内容也都与情商有关，比如有人认为，懂得感恩，是一个人最基本的情商；而善良则是最高级的情商。这两种说法虽然我不是完全认同，但我也不反对，我想说的是，懂感恩、心善良的人，都是情商高的人，至于善良、感恩哪个高级、哪个基本，我认为关系不大。

同情，就是能设身处地考虑他人的情绪感受和行为原因，具备换位思考的能力和习惯，理解和认可情绪差别，能理解别人的感受，察觉别人的真正需要，能够做到"己所不欲，勿施于人"，这与我们之前讲的共情、同理、神入是一样的，当然是情商的重要组成部分。

以下我分别讲述一下善良、感恩和同情这三者的培养方法：

先讲善良。

男孩天生善良，本性善良。正如《三字经》开篇讲到的"人之初，性本善"。

我讲一个故事：

清晨，海边的沙滩上有个男孩，走得很慢，他正在把被海浪卷上来的、被困在浅水洼里的小鱼一条条地扔回海里。一个人散步经过，他对男孩说："沙滩上这样的小鱼很多，你救不过来的。"男孩头也不抬地说："我知道。"这个人感到很奇怪："那你为什么还要不停地扔？谁在乎呢？"男孩捡起一条小鱼说："这条小鱼在乎！这条也在乎，还有这一条，这一条……"

这个小男孩就有一颗金子般的善良的心，他捡小鱼扔回大海的行为，就是善良的行为。

其实很多孩子从小就具有一颗善良的心。但是，为什么后来就变得自私、冷漠了呢？《三字经》给了我们答案："苟不教，性乃迁。"正是由于我们没有给予男孩良好的教育，使他善良的本性受周围环境的影响而变坏了，而我们却对此浑然不知。

所以，我们一定要重视培养男孩善良的心地。

第一，引导男孩关爱身边之人。

包括父母、爷爷奶奶、外公外婆在内的亲人、老师、邻居、同学等，都可以说是男孩身边的人，我们要引导他去关爱这些人。比如，要重视培养男孩对父母长辈的孝心，平时要给他机会为我们服务，比如端茶倒水、捶背、做家务等，经常给不住在一起的爷爷奶奶、外公外婆打电话、视频，表达关心；老师嗓子沙哑了，那就给老师倒杯水润润嗓子；同学有些知识点没掌握，那就给同学讲一讲；家里买了好吃的，就给邻居送点……做这些事情花费不了男孩多少时间，但这些细节行为却能让他的内心变得更善良。

第二，培养男孩的善心一定要趁早。

中国近代教育家弘一大师有两首关于儿童德育的偈子（类似于诗的有

韵律节奏的文辞，通常以四句为一偈），一首是说"教育子女，宜在幼时，先入为主，终生不移"；另一首则说"长养悲心，勿伤物命，推此一念，可为仁圣"。意思就是说，应该要从孩子小时候起培养他的善心、怜悯心，连细微的小昆虫、花草树木都不可以伤害，其他较重而且大的生命，就更不必说了。这样他就能养成终生不改的好习惯。

所以，培养男孩的善心一定要趁早，两三岁就开始。比如，遇到流浪猫、流浪狗，可以引导他喂一喂（但不要摸它们，以保证自己的安全），再大一点，比如四五岁时，就可以让男孩在家养养鱼、养养花，引导男孩好好照顾它们，在培养男孩善良、责任感的同时，也能让他对生命有所感悟，从而珍惜生命、热爱生活。

第三，教男孩领悟"凡是人，皆须爱"的道理。

儒家启蒙经典《弟子规》说："凡是人，皆须爱，天同覆，地同载。"这就是在提醒我们，所有人都生活在同一片蓝天下，也都在同一块大地上繁衍生息，所以大家应该相亲相爱。这一点，我们要教男孩明白，提醒他尊重、关心、爱护他人，比如，不能歧视残疾人，不能看不起比他穷苦的人，不能欺负比他弱小的人；等等。对他们要心存善念。

"凡是人，皆须爱"中的"人"，并不是单指人类，还包含世间万物。所以，除了爱人，男孩还应该爱护动物、植物等。比如，不能玩弄、虐待、杀害小动物，也不能随便采摘、践踏各种植物，要尊重植物的生长周期。关爱世间万物，人类才能在自然中更好地生存与发展。

第四，让男孩明白"积善""行善"的原理，并努力去践行。

《周易·坤卦·文言》里讲："积善之家，必有余庆；积不善之家，必有余殃。"意思是，修善积德的人，必然将会获得好的回报；而总是作恶坏德的人，势必会遭到更多的殃祸。所以，要努力去积善。比如，积善，就是将自己的善行积累起来，无论大小，无论重要与否，只要是善行都要努力去做。可有人则不然，他们觉得小善能量太小，只有大善才值得积累。但是，连小善都做不到，又何来大善呢？所以，勿以善小而不为。小善是大善的基础，比如，遵守交通规则，不浪费水、电、粮食，不随手丢垃圾，主动排队，遵守时间，诚实守信，团结友爱……这些都是身边的小善。还要"勿以恶小而为之"，比如，说脏话、随地吐痰、欺负同学、给老师起外号、跟父母顶嘴、取笑残疾人、考试作弊、上车逃票等，这些小恶都要及时意识到并改正，因为小恶一点点积累，最终将会酿成大错。

再就是道家经典说："吉人语善、视善、行善，一日有三善，三年天必降之福；凶人语恶、视恶、行恶，一日有三恶，三年天必降之祸！"意思是说，如果能做到言语善（劝人行善，传播别人的善心善行、不说脏话、不诋毁别人、不造谣等）、关注善（非礼勿视、看好书、乐见善人善行，让自己具备正能量）、践行善（做好事），那么一天就相当于做了三件善事，这样坚持三年，上天必定会赐福给他；相反，那些常年作恶的人，说不好的、看不好的、做不好的事，一天就等于做了三件恶事，三年期满，上天一定会降祸于他。

这些道理，我们都要让男孩明白，明白道理之后，还要努力去践行语善、视善、行善。

第五，尊重男孩的每一个善良表现。

大雨过后，许多蚯蚓都从草地里爬到了路面上呼吸新鲜空气。有个5岁男孩看见了，便捡起一根小棍，准备把蚯蚓挑回到草丛中去。但妈妈却立刻尖叫起来："快扔了！多脏啊！"说着她就过来拍打儿子的手，蚯蚓掉在了地上，男孩也被妈妈带走了。

这位妈妈下意识的一个动作，可能就把男孩的善良之心给打掉了。说到我自己，一直到今天，只要在雨后看到有蚯蚓爬到路上，我都会把它捡起来送回到草地里，这也算是我从小以来的一种善心表现吧。其实，孩子的善心，我们呵护它才会长大，不呵护还打击，那它就会枯萎。所以，要保护男孩的每一个善心表现，哪怕这个善心行为很细小。善心的培养正是从一点一滴开始做起的，我们要肯定、表扬他，他才会做得更好。

以上讲的是善良心性的培养，下面讲感恩。

美国著名作家谢尔·希尔弗斯坦（Shel Silverstein）曾创作过一个绘本《爱心树》，讲了这样一个故事：

有一个男孩每天在这棵爱心树下捡树叶、编王冠，爬树荡秋千、吃苹果，和大树捉迷藏，累了就在大树下睡觉。大树没有任何怨言，很开心地满足男孩。

日子一天天过去，男孩渐渐长大，不再到树下玩了，大树很孤独。

有一天，男孩又来了，他说："我想买东西，你能给我一些钱吗？"大树让他把果实摘下来，拿去卖掉。

很久后的一天，男孩又来了，他说："我想要一座房子，你能给我一座房子吗？"大树又让他砍掉了自己的树枝去建房子。

大树一直在无怨无悔地为男孩付出，以致最终，树干也让男孩砍下，他做成了船去远航。

最后，剩下的那个树墩也没有浪费，而是供远航回来的老男孩安静地坐在上面休息……

在这个故事中，大树一直在快乐地给予而且不求回报，男孩一直在索取而不知感恩。所以，读后还是让人有一些伤感。

其实在我国，感恩传统源远流长，《诗经·大雅》中就有"投我以桃，报之以李"的诗句，由这句诗歌还演变出一个成语"投桃报李"，形容相互赠答、礼尚往来。

每个人的一生，都在不停地接受他人的给予：生命是父母赐予的，知识是老师传授的，吃穿住行则有赖于天地万物与他人的付出……所以，每个人都应该学会感恩，男孩也不例外。

培养男孩的感恩之心也要从他小时候抓起。

第一，教育男孩先要"知恩"。

可以给男孩讲讲英雄报国的故事，让他明白他能有这样幸福的生活，是英雄们抛头颅洒热血换来的；他现在能吃饱穿暖，也是我们和各行各业众多劳动者辛勤劳动的结果；等等。他人的付出、他人的奉献，虽然看似是工作，但也是一种恩情。知恩才能感恩，才能报恩。

第二，帮助男孩确定感恩的对象。

对男孩而言，最该感恩的人，就是父母，父母给予生命，这是最大的恩情，所以要感恩父母，也就是要孝敬父母。那下一步再感恩什么呢？我曾看过这样一段感恩词，觉得非常好，在这里跟大家分享一下，是这么说的："感恩天地滋养万物；感恩祖先慈悲智慧；感恩国家培养护佑；感恩父母养育之恩；感恩亲朋好友相伴；感恩老师辛勤教导；感恩同学关心帮助；感恩农夫辛勤劳作；感恩食物滋养我身；感恩大众信任支持。感恩一切以及所有付出的人，让我们以感恩之心，奉献于这美好的人世间。"我想这段感恩词中涉及的感恩对象，可谓是非常全面了，如果每天早晚诵读一遍，相信我们和孩子都会从中获得巨大的能量。

这是感恩对我们有正面帮助、对我们好的人和物，那对我们不好的人呢？要不要感恩？也要，我还是跟大家分享一位智者的话，他说："感谢伤害我的人，因为他磨炼了我的心志；感谢欺骗我的人，因为他增进了我的见识；感谢遗弃我的人，因为他教导了我自立；感谢绊倒我的人，因为他强化了我的能力；感谢斥责我的人，因为他增长了我的智慧。"我想，如果我们和孩子能有这个心胸与格局，那未来前途一定不可限量，人生无限光明。

所以，希望这两段话，我们都能细细体悟一下，看看是不是这个道理。

第三，引导男孩正确表达感恩。

这里所说的表达，不仅是指说"谢谢"，还可以是微笑、拥抱、写几句感谢的话、送个小礼物……也可以是做个好孩子，不让父母老师操心，还可以是爱党爱国、爱家爱校，更可以是珍爱生命、努力学习，不辜负家长、老师的培养，又或者是施恩不图报，以"施恩"的方式去感恩，去报恩，比如，做公益、做志愿者等。

以上讲的是感恩，下面再讲讲同情心的培养。

儿童心理学研究表明，孩子天性中就有善良和同情等品质。婴儿一岁前会在别的孩子哭时一起哭，这是他对别人情绪的感应。幼儿一两岁的时候会用自己的玩具或食品去安慰哭泣的孩子，他在试图帮别的孩子减轻痛苦。到了五六岁，孩子就会主动安慰伤心难过的孩子。

法国著名启蒙思想家孟德斯鸠（Montesquieu）曾说："同情是善良心地所启发的一种感情的反映。"确实，一个心地善良的人，会对他人的情感有所觉察，并能与之产生共鸣。这种情感体察就是同情心。

中国著名教育家陈鹤琴曾说："同情行为在家庭里、在社会里是一种非常重要的美德。若家庭里没有同情行为，那父不父，母不母，子不子，家庭就不成为家庭；若社会里没有同情行为，尔虞我诈，人人自利，社会也不成社会了。"可以说，培养男孩的同情心刻不容缓。

美国心理学家劳伦斯·夏皮罗（Lawrence Shapiro）在《EQ 密码》一书中提到，孩子的同情心有 4 个发展阶段，我们可以根据这些阶段，对男孩的同情心进行有针对性的培养。

第一个阶段是婴儿期。这一时期，他会将其他孩子的痛苦当作自己的痛苦，所以他听到别的婴儿哭他也会哭。所以，当弱小的男孩与其他的婴儿一起哭闹时，我们要拥抱他，轻轻地拍拍他，并轻声地安慰他。

第二个阶段是幼儿期。这一时期，他已经知道别人的痛苦并不是自己的痛苦，但他还是会去给同伴擦眼泪，拥抱同伴，但是他也会大声喝止同伴，甚至是去拍打哭泣的同伴。所以，当男孩不小心把同伴惹哭时，我们应该鼓励他去向对方道歉，说"对不起"，并教他用擦眼泪、握手、拥抱等方式去安慰对方。

另外，在孩子的世界里，他觉得小狗小猫、小花小草和自己一样，是有生命和灵魂的，他对它们都有感情。面对男孩表现出来的同情心，我们一定要及时给予呵护和肯定。

第三个阶段是儿童期。这一时期，他可以适时地、运用恰当的方法去安慰有烦恼或帮助需要帮助的同伴了。所以，男孩跟我们说他的同学有困难时，我们要支持他以他力所能及的方式去帮助对方，或者是安慰对方。

第四个阶段是青少年时期。这一时期，他的同情心已经从简单的认识阶段发展到了抽象阶段，从认识的人身上扩展到了陌生人身上，可以想象他们的境遇，并试图去帮助他们。所以，当男孩主动为并不相识的灾区人民捐款时，我们要肯定和表扬他，这会让他更有同情心。

最后，我想强调的是，善良、感恩、同情心的培养方法并没有严格的区分，甚至可以说，这些方法是通用的，比如，培养善良心性的方法也适用于培养感恩之心和同情心，培养感恩之心的方法也可以用来培养善良之心和同情心，同情心的培养方法也适用于培养善良心和感恩心，它们是互通的。一旦我们把男孩培养成善良、懂感恩、有同情心的人，那他做人、做事就会有底线，人生就会走正路，而不会走歪路。

责任担当：
男孩爱说谎不敢担责，怎么引导他？

在我看来，一个人敢于承担责任，才是真正成长的开始。因为这标志着他已经有了基本的责任感。对男孩来说，责任感能够让他以一种认真、负责的态度来对待自己周围的人和事。

研究发现，天才少年之所以聪明，是因为他们往往比普通儿童有更多的责任感，从而促使他们认真思考、有效学习。所以，男孩是不是有责任感对他的人生发展非常重要。

但在生活中，有些男孩却不敢承担责任，他犯了错误之后，就找各种借口，就撒各种谎，以逃避他应该承担的责任。这是为什么呢？我来分析一下：

先说犯错这件事。其实，犯错误是男孩在成长过程中必经的一种体验，也是一种权利。他往往是在这种犯错误、改正错误的过程中逐渐成长起来的，否则他可能永远也长不大。但是，一些父母非常不愿意看到男孩犯错误，一旦他犯错，就严厉斥责甚至是体罚他。

有个10岁男孩在小区里踢足球，不小心把邻居家楼下停放的汽车的后视镜玻璃打碎了，他回家赶紧把这件事告诉了爸爸，没想到爸爸大发雷霆，严厉地训斥了他一顿。然后就让他在家等着，爸爸自己一个人去了邻居家商量赔偿事宜。

几天后，这个男孩在客厅，不小心又把爸爸心爱的茶壶打翻在地，摔碎了，这次他吸取了上次的教训。等爸爸卜班回家后，他对爸爸说："是那只淘气的小猫打碎的茶壶"。爸爸信以为真，没说什么，这件事就这么过去了。

从此以后，男孩就学会了撒谎，每次犯错误之后，他就编造理由，蒙混过关。

我们想想看，是什么导致一个原本很诚实的男孩学会了说谎呢？实际上，就是爸爸不分青红皂白的斥责，把男孩变成了一个不诚实、爱撒谎、不敢承担责任的人。很多时候，面对男孩的错误或者过失时，我们很难保持冷静，动不动就打骂、惩罚他，结果男孩在这种恐惧之下，就学会了撒谎、隐瞒。可是仔细回想一下，我们小时候谁没有犯过错误呢？

淘气是男孩的天性，只是程度不同而已。对男孩犯下的错误，我们应该大度一些、宽容一些，否则我们的愤怒只会引发新的问题，成为男孩撒谎、不敢担当的诱因。法国作家罗曼·罗兰说："人生应当做点错事，做错事，就是长见识。"的确是这样。如果我们不允许男孩犯错，就是不允许他成长。所以，我们一定要用全面、发展的眼光看待男孩的错误。当然，宽容不是纵容，也不是置之不理，而是通过合理的教育方法，让他认识错误、改正错误。

以下我讲 6 个培养要点：

第一，告诉男孩，不要为自己的错误找各种借口。

犯错之后，很多男孩都会有推卸责任的表现，经常会说"这不怪我""不是我的错""都是他不好"等，这都是他逃避责任的表现。

男孩之所以会推卸责任，一方面是为了逃避我们的责怪和惩罚，另一方面，男孩都希望自己是英雄，在他的心目中，英雄是不会犯错的，所以每次他犯了错误，就会去找五花八门的借口来维护自己的形象。

不过，我们要让男孩明白的是，人无完人，犯错是人之常情，英雄也会犯错，但犯了错能够勇敢地承认，并努力去改正错误，对已定的事实进行补救，这样的人同样值得尊敬。所有的错误都不是凭空出现的，都有原因，真相永远都是真相，无论怎样掩盖都无济于事。

所以，要让男孩知道，如果他犯了错，就要老实承认，并找到原因，及时补救。

第二，不要批评主动承认错误的男孩。

男孩犯了错误之后，我们一定要控制住情绪，尤其是当男孩主动地向我们承认错误的时候，我们一定不要训斥他，而是要先肯定他诚实的行为，然后冷静地听听他的解释，也许他并不是故意犯错，也可能是他好心办了坏事。但不管怎么样，我们都要弄清楚事情的来龙去脉之后，才能帮他找到错误的根源，并告诉他，下次如何杜绝这类的错误。

第三，掌握教育的最佳时机和方法。

当男孩犯错误的时候，他的内心一定会很自责。这时，我们要抓住教育的时机，对男孩进行正面教育。当然，我们要避免进行空洞地说教，以免引起他的反感。我们要遵循"感化—说服—感化"的原则，比如，可以先夸他："你已经很努力了。""你做得不错。"然后再进一步指出他没做好的原因，最后再鼓励他："你再努力一些，一定会做得更好。"这样，男孩就会自发地检讨失败的原因，从而尽可能避免下次再犯同样的错误。

第四，可以用自然惩罚来让男孩学会自省。

18世纪法国教育家卢梭（Rousseau）曾经说："儿童所受到的惩罚，只应该是他的过失所招来的自然后果。"这就是他所提出的"自然惩罚法则"，就是让孩子在"自作自受"中体验后果。比如，男孩自己忘了带作业，我们不要给他送到学校去，而是让老师去批评他。这样，下次他就会自己主动整理书包，检查是不是带好了所有的东西。

自然惩罚，是让男孩接受自然后果、体验这种后果的惩戒方式，当然不是我们施加给他的惩罚，更不是体罚。但自然惩罚会让男孩以一种最直接的方式，体会他自己的错误所带来的后果，这样的教训会在他的头脑中留下深刻的印象。

让孩子自己承担过失，接受自然后果的惩罚，看似很残酷，好像不近人情，其实这正是我们对孩子的一种深沉的爱。

第五，及时纠正男孩的说谎行为。

当男孩撒谎时，我们应该及时、准确地纠正他。也就是要及时进行干预，不要觉得无所谓，否则他养成说谎的习惯，再改起来可就比较麻烦了。不过，我们不要因为男孩说谎就打骂或惩罚他，而应该心态平和地指出他的错误，并找到他说谎的原因。

如果他因为模仿我们而说谎，那么我们就要检视自身，尽快纠正我们的说谎行为，不再给他做坏榜样；如果他因为怕受到惩罚而说谎，我们就要提醒他，敢承认错误就是好样的，而且还要告诉他，我们不会惩罚他，所以他应该坦然面对事实。当然，我们要说到做到。

第六，重视培养男孩的诚信品质。

孔子曾教育弟子们说："古者言之不出，耻躬之不逮也。"意思是：古代的人非常重视自己的言语，从不肯乱讲话。因为他们怕自己做不到自己所说的，并以此为耻。可见，在2500多年前，诚信就是人们言行的基础，是人们必须具有的美德。

对于男孩来说，他要成为顶天立地的"男子汉"，就决不能丢失诚信的品格。《弟子规》要求孩子从小就要做到："凡出言，信为先。诈与妄，奚可焉？"意思是说，说话一定要讲诚信，要说真诚的话，不要有丝毫的虚伪之心。所以，说欺骗别人的话，又怎么可以呢？

《弟子规》还说："事非宜，勿轻诺。苟轻诺，进退错。"也就是说，做不到的事、不合义理的事，不要轻易答应别人，不轻易承诺，否则，做与不做都是错的。老子在《道德经》中也说："夫轻诺，必寡信。"意思是，轻易许下的诺言必然缺乏信用。这就要求，男孩要学会对自己的承诺负责，因为"君子一言，驷马难追"，真正的男子汉不说假、大、空的话。

同样，作为父母，我们要以身作则，不欺骗男孩，及时履行对他的各种承诺，不然，就不要轻易承诺。哪怕当时或暂时做不到，也要在事后及时弥补，不可给男孩留下一个我们不讲信用的印象。著名教育家陶行知说："我要儿子自立立人，我自己就得自立立人。我要儿子自助助人，我自己就得自助助人。"也就是说，我们要给男孩做个好榜样，做个诚信的榜样。

以上讲的是面对男孩犯错误和说谎时，我们如何应对。下面，再讲一下如何培养男孩担当、负责的精神。我们来具体看一下担当精神或者说是责任感都体现在哪些方面。

责任感，更直观、简单来说，就是一种自觉主动地做好分内、分外一切有益事情的精神状态，属于社会道德心理的范畴，也是思想道德素质的重要内容之一。

我认为，责任感主要体现在 4 个方面，分别是对自己负责、对家庭负责、对团体负责以及对社会负责。以下我就从这 4 个方面讲：

第一，培养男孩对自己负责。

我想，要实现这一点，就不要让男孩对我们过于依赖，这就需要培养男孩的自理能力，多给他机会让他自己去做事，我们尽可能少地提供帮助，更不要事事都包办代替。这就要求我们不要忽略男孩身边发生的日常小事，小事往往会对男孩责任感的培养发挥巨大的作用。所以，我们要善于抓住这些点滴小事培养男孩的责任感。比如，小的时候，可以让他自己盛饭，自己拿凳子、拿筷子、自己吃饭，我们不要嫌他折腾，折腾多了，他的独立自理能力就培养起来了，再做起这些小事来就会比较自然。之后，就可以放手让他多做一些事。这样，他就会明白，这些小事都是他的责任，他必须自己完成。这样，他的责任感就会慢慢形成。

第二，培养男孩对家庭负责。

这就需要男孩明白家庭和家族的荣耀，无论是在家还是在外，都要把父母、长辈的爱放在心上，懂得回报父母的养育之恩、长辈的爱护之恩；如果有兄弟姐妹，就要懂得与他们和睦相处，懂得恭敬哥哥、姐姐，也懂得关爱弟弟、妹妹。

第三，培养男孩对团体负责。

每个人都离不开集体而独立存在。对于男孩而言，他所在的集体就是一个团体，比如他所在的班级、学校等，这就需要培养他具备良好的集体主义感。无论是为人还是处世，都要首先考虑集体的利益和荣誉，而不是只考虑自己的利益得失。

第四，培养男孩对社会负责。

男孩也是社会的一员，所以，一定要让他学会对国家、对社会负责。可以鼓励他多参与一些社会实践活动。社会实践可以帮助男孩更多地认识社会、了解自然，而且通过各种社会实践活动还能增强他的动手能力。我们也可以引导男孩积极参与公益事业和慈善事业。但也要提醒男孩，做慈善公益事业要量力而行。一是衡量他自身的能力，二是衡量他的经济条件，不要做超出自己能力和经济范围之外的事。

以上，我分别针对男孩犯错误和说谎，讲了6个应对方法，接下来又从4个方面讲述了如何进一步培养男孩的担当精神。也就是说，本节内容共分享了10种具体的方法，希望你读后能有新的体会与感悟，对男孩的培养有所启发。

5

抗挫训练：
激发男孩不畏惧、迎难而上的潜动力

吃苦精神：
怎样放手，才能让男孩自己打理生活？

  我想，这个世界上每个人在人生道路上都会遇到困难、坎坷与挫折，但有的人因为有了坚定的意志、百折不挠的精神和积极阳光的心态，所以能战胜这些困难、坎坷与挫折；而有的人则因为害怕困难、不肯吃苦、不思进取，所以在困难面前不是畏缩不前，就是一蹶不振，而且还一肚子的委屈、不满，甚至是抱怨，这样的人又怎么会拥有幸福、美好的生活呢？

  我们做父母的，又何尝不希望孩子能有一个幸福的人生呢？但是，如果我们舍不得放手给他锻炼的机会，他哪里有机会去打理自己的生活呢？

  想想看，如果男孩从来都体会不到真实的人生或生活（或者说，他所体验到的，都是经过我们美化过的生活），那当我们没有能力再为他打造幸福、美好的生活时，当我们不能再时时刻刻照顾他的时候，他就会为自己的无知与懦弱吃更多的苦、受更多的罪。

  我讲个例子：

  有个男孩是家里的独生子，他在全家人的溺爱和呵护之下长大，没有吃过一点苦。可是，当他到幼儿园开始集体生活后，问题就出来了。他吃不下幼儿园的饭，受不了小朋友之间的打闹，就连午休，如果老师不单独陪着他，他也睡不着……于是"三天打鱼，两天晒网"就成了他上幼儿园的方式。上小学后，问题就更严重了。他受不了老师的管教，也写不完作业，更受不了每天都早起上学，每天都过得很痛苦……结果不到一个月，这个男孩死活都不肯去上学了。想想看，这样下去，这个男孩的未来会不会是一片坦途呢？这要打个大大的问号！

这个男孩身上出现的这些问题，究其原因是什么？其实，还是父母太娇惯他了，所以，他没有办法融入一个没有父母时刻照顾的环境中。

我想说的是，其实我们越是爱孩子，就越应该让他吃点苦，体验一些挫折，这样他才能变得越来越坚强。所以，我们要"狠"下心来，把男孩从"蜜罐"里放出来！

那么，具体应该怎样做呢？以下我讲 5 点内容：

第一，我们和男孩都要认识吃苦的重要性。

我们可能都知道一句话，说的是"再苦也不能苦孩子"，我认为这句话害了很多孩子，也让很多父母尝尽苦果。因为就是这句话，让父母有了娇惯孩子的理由，也让孩子有了享乐的借口。父母生怕孩子吃一点苦、受一点委屈，孩子要什么给什么，满足孩子所有的要求，爸爸妈妈做不到的，爷爷奶奶来做，爷爷奶奶做不到的，姥姥姥爷想办法去做……

这也会让孩子错误地认为，你们再苦，也不能让我苦。最后，是谁苦？大家都苦。父母苦的是，孩子只知道索取，从不知回报，孩子苦的是，自己无法在社会中立足，甚至都不能打理自己的生活。正如法国教育家卢梭（Rousseau）所说的，"你知道怎样使你的孩子备受折磨吗？这个方法就是百依百顺。"所以，不让孩子吃苦，我们认为是对他好，实际上，这对他不是爱，而是害。而当我们被动地发现这个道理的时候，可能为时已晚。

俄国作家屠格涅夫（Тургенев）曾说："你想成为幸福的人吗？那么首先要学会吃苦。能吃苦的人，一切的不幸都可以忍受，天下没有跳不出的困境。"的确，吃苦是孩子成长道路上的加油站，他要想走上光明的人生大道，还真的需要吃苦。因为人生很难一帆风顺，甚至处处是风雨、坎坷与挫折，要舍得让男孩去经历这些考验，这才更有利于他的成长。

中国"亚圣"孟子曾说："故天将降大任于斯人也，必先苦其心志，劳其筋骨，饿其体肤，空乏其身，行拂乱其所为，所以动心忍性，曾益其所不能。"这段话我们都非常熟悉，都背得滚瓜烂熟了，但熟悉不管用，管用的是要用，也就是说，如果我们把这些经典都当知识来读，来记住的话，基本是没什么用的，只有你用它，它才是有用的。

2000 多年来，很多人都在用这样的道理激励自己、教育孩子，也都取得了很好的效果，所以，我们也要用它来指导自己的人生，指导孩子的人生。当男孩在学习和生活中遇到困难了，就可以让他拿这句话激励自己、努力、进取、克服困难，跨越障碍，超越自己。

第二，在生活中，给男孩多提供一些劳动机会。

我们要把眼光放得长远一点，要有意识地让男孩吃点苦，磨炼他的意志，丰富他的人生经历，培养他的自理能力。俗话讲，"习劳知感恩"。只有亲身经历劳动的全过程，才会感恩劳动者的艰辛与付出。所以，我建议，多让男孩做家务，他才能亲身体会父母的不容易。

2018 年 9 月 10 日，全国教育大会在北京召开，大会就强调，要在学生中弘扬劳动精神，教育引导学生崇尚劳动、尊重劳动，懂得劳动最光荣、劳动最崇高、劳动最伟大、劳动最美丽的道理，长大后能够辛勤劳动、诚实劳动、创造性劳动……要努力构建德智体美劳全面培养的教育体系，形成更高水平的人才培养体系。

这是国家的号召，也是我们的行动指南。所以，我们要积极给孩子提供更多的劳动机会，比如他到两三岁的时候，就引导他照顾自己，学会洗脸、刷牙、穿衣、穿鞋、吃饭、上卫生间等；他再大一些，四五岁的时候，要教他学会做一些家务活，像叠被子、叠衣服、扫地、拖地、倒垃圾等；再大一些后，五六岁、七八岁时，我们就要培养孩子的生活自理能力，如洗衣服、收拾房间、做饭打下手等。只要是他力所能及的劳动，都可以放手让他去做。他做得多了，就习惯了，动手实践能力也会大大提升。在这个过程中，他也能体会到成长的快乐。

晚清重臣曾国藩曾告诫他的子孙，一个家庭是否会兴盛，要看三个方面：第一，子女是否养成早起的习惯；第二，子女是否常常做家务；第三，子女是否接受圣贤经典的熏陶。这个顺序非常好，早起，做什么？做家务，然后呢？读圣贤书。

明朝教育家朱柏庐在《朱子治家格言》开篇就讲："黎明即起，洒扫庭除，要内外整洁；既昏便息，关锁门户，必亲自检点。"意思是：早上要早起，起来之后，要把个人卫生和家庭卫生都做好，保持内外整洁；而晚上睡觉前，要亲自检查门户是否关好。

由此可见，做家务的重要性。所以，男孩不可不做家务。我这个结论，不仅是从古圣先贤的论述中得出来的，也是从当今发达国家的教育中实验出来的。

我讲一下这个实验：

美国哈佛大学对波士顿地区的 465 名青少年做的一项长达 20 年的跟踪调查结果显示：爱做家务的孩子与不爱做家务的孩子相比，长大后的失业率为 1:15，犯罪率为 1:10；爱做家务的孩子长大后平均收入要高出 20% 左右，离婚率、心理疾病患病率也较低。

另外，做家务也有助于文化知识的学习与成绩的提升。长期以来，人们错误地认为劳动会耽误学习，所以把劳动与学习割裂开来、对立起来。殊不知，劳动不仅不会耽误学习，反而会促进学习。我来分享一组研究数据：

中国教育科学研究院对全国 2 万名家长和 2 万名小学生进行的家庭教育状态调查表明，在孩子专门负责一两项家务活的家庭里，子女成绩优秀的比例为 86.92%，而认为"只要学习好，做不做家务都行"的家庭中，子女成绩优秀的比例仅为 3.17%。事实证明，孩子做家务，动手能力、学习能力都能得到提升。可见，家务劳动可以促进学习。

所以，为了男孩的健康成长与快乐成才，一定要放手让他多做家务，多干活儿。对男孩的事情，我们不包办代替，让他自己做，甚至我们可以有意识地"示弱"，给男孩机会，让他替我们"代劳"，这样，他就会成长得更快、更好，就更具有吃苦精神。

第三，不刻意强调"吃苦"，也不以此吓唬或惩罚孩子。

我们不要把"要让他吃点苦"这种话挂在嘴边上，因为只要我们不说，不强调所谓的"吃苦"，男孩可能也就意识不到什么是"吃苦"，认为这就是生活，很正常。但是，如果我们刻意强调"吃苦"，那他就会在心理上排斥、抗拒我们要让他做的事，而且他也不愿意再配合我们或听从我们的教导。再就是，我们也应要避免把"吃苦"当作吓唬或惩罚男孩的手段。不然，他也会认为"吃苦"不是好事，从而排斥、抗拒，那我们的教育目的也就很难达成了。

第四，让男孩吃苦一定要适度。

每个孩子的年龄、身体状况、心理承受能力都不一样。我们所提倡的让男孩通过吃苦体验成长的教育不应该是盲目的，而是要根据男孩的自身情况适度进行的。千万不要为了特意让男孩吃点苦，就不顾他的实际情况，给他安排过于繁重或艰苦的任务。否则，不仅不能培养出男孩吃苦耐劳的优秀品质，还可能影响他的身心健康。

第五，不特意安排男孩进"吃苦训练营"。

现在市面上确实有一些"吃苦训练营"存在，尤其是在寒暑假期间。

但我不建议让男孩去参加类似的"训练营"。为什么呢？因为那些短暂的、单一的"训练"，完全将吃苦当成了一门简单的课程，将它硬生生地从生活中剥离了出去。当孩子从训练营里出来，他通常会认为自己的吃苦任务已经完成了，所以，用不了多长时间，他又会恢复原样了。其实，对于孩子来说，最好的吃苦训练还是靠日常生活中的点点滴滴，靠那些自然而然的行为。比如，日常家务劳动、学校或社区组织的集体劳动、平日里的体育锻炼，以及自理能力的训练……

希望你在未来的生活中，真的能学会放手，尽可能多让男孩去打理他自己的生活，把他的自理与自立能力培养好。

攻坚克难：
如何引导男孩战胜人生的困难？

　　每个孩子在成长的过程中都会遇到种种困难。很多父母担心孩子克服不了困难，或者说是心理上承受不了压力，于是就忍不住帮他一把。我认为，这件事需要客观看待。

　　其实，成长过程中遇到一些困难，对于孩子来说并不是坏事，尤其是对男孩而言，他在未来人生中会面对很多困难，我们应该借此培养男孩勇于战胜困难的信心、勇气和力量。因为，困难是磨炼男孩毅力、锻炼他心理承受能力的好机会。

　　法国作家巴尔扎克（Balzac）曾说："苦难对于天才是一块垫脚石，对于能干的人是一笔财富，对于弱者则是万丈深渊。"所以，我们要引导男孩成为一个强者，让他具备强者思维，从而把他遇到的每一个困难，都变成他人生的财富和前进的垫脚石。

　　具体来说，我们应该怎样引导男孩呢？以下我讲 7 点内容：

　　第一，认可男孩的感受，还要正确鼓励他勇于克服困难。

　　当男孩遇到困难的时候会有畏难情绪，会退缩，有时也会向我们倾诉、抱怨。这个时候，我们一定要理解孩子内心的感受，并且要真诚地表达出来，让他感觉到自己被重视、被尊重。这样，他的情绪就会平复许多，就有可能想出好的办法去战胜困难。

　　当听完男孩的倾诉后，我们不应该立即去帮他解决困难，而是让他自己想办法去解决困难。需要注意的是，这时候我们要用鼓励的方法，而不是所谓的激将，甚至是讽刺。

因为有的父母可能会错误理解"鼓励"的含义，把鼓励当成了激将。比如，想鼓励男孩战胜困难，嘴上却说："这点儿困难就把你难住了啊？你也太笨了吧！"或者说："我像你这么大的时候，就能把这件事做得很好了，哪像你啊！你跟我比差远了！"这样说，好像是用激将法激励男孩与困难作斗争，但事实上根本起不到激励作用，反而会引起他的反感。

所以，还是刚才那两句话，可以这样说："这点儿困难一定难不住你的，我相信你没问题的。"或者说："我像你这么大的时候，还不如你呢，遇到一些难题就想放弃，你比我强多了，内心有一股拼劲儿，我看得出来，加油！"看，同样是说话，哪种话是孩子爱听的？我想，你会有答案的。可见，与其负向激将，不如正向鼓励。

第二，教男孩学会平静看待困难，寻找战胜困难的突破口。

我们要教男孩学会平静看待困难，但这有一个大前提，就是当我们自己遇到困难的时候，就要保持一种平静的心态，有一种积极乐观的态度，而不要整天唉声叹气、愁眉苦脸，要给男孩树立一个好的榜样，不然，我们的情绪就会影响到孩子。

另外，所有的困难都不是凭空出现的，都是有原因的，既然有原因，那就要找到这个原因，这样才能找到解决问题的突破口。我们可以提醒男孩，先从自己身上找原因。比如，哪些地方做错了、理解得不到位，还是一开始就没解决好，或者是有什么关键点给漏掉了，又或者是知识储备不够、方式方法有所偏移？……要提醒他，寻找困难的突破口需要从各种角度去看问题，大处着手，小处着眼；既重战略谋划，又重战术思考。

第三，在平时的生活中，要给男孩充分的信任。

心理学上，有一个名词叫信任效应，说的是由可信度高的信息所引发信任行为的现象，人们把它叫作信任效应。这个效应也可以用在对男孩的教育上。

我先讲一个故事：

苏联教育家马卡连柯（Макаренко）信任学生谢苗·卡拉巴林的事例，就是一个说明信任效应有非常积极意义的例子。

谢苗，是马卡连柯的学生，过去曾经偷过东西，但后来有所转变。

有一次，马卡连柯就把谢苗叫来，交给他一项重要任务：让他去比较远的一个地方取一些钱，有四五百卢布，并且，还当面交给他一张证明和一把手枪。这对谢苗来说，是一项具有高度信任的任务，他有点不敢相信，心灵受到了极大的震撼，甚至把他身上沉睡的很多美好的东西都给唤醒了。他愉快地接受了任务，并圆满完成。傍晚，才骑着马回来的他，就像一个打了胜仗的大将军一样，郑重地把钱交给了马卡连柯。

第二次，他又非常圆满地完成了同样的任务。

后来，谢苗激动地对马卡连柯说："您可能不知道，我骑在马上一路上想……要是有个坏人从树林里跑出来袭击我的话，我就开枪打他……哪怕是10个人，或者是再多的人，我都不怕，我都会跟他们英勇决斗的……"

通过这个案例就可以发现，你对男孩的信任有多大，他给你的惊喜就会有多大。可见，信任效应的作用是非常强大的。

所以，如果在教育男孩的过程中，我们在处处严格要求自己的同时，再给予男孩足够的信任，这样，即使他遇到了各种困难，也不会轻言放弃，而是会努力想办法去克服。

在平时生活中，我们就要给予男孩充分的信任和理解，我们要相信男孩有克服困难的勇气与毅力，可以对他说："妈妈（爸爸）相信你，你一定会想出办法来的！"或者说："我相信你有这个能力，你也要为自己鼓劲儿！"这样，不时地给予男孩信任和鼓励，会让他更有自信，他也就更愿意尝试各种克服困难的办法。当然，这些也都属于积极的心理暗示。

需要注意的是，我们对男孩的信任，不是在他遇到困难的时候才有的，而是在平时生活中就要有这种信任。比如，当他想要整理房间的时候，我们不能有不信任的态度，而是要相信他、肯定他。当男孩想要帮助我们做一些事情时，我们也可以适当地表现得"弱"一些。

前面说的是按照事件来举例的，我知道现在读这本书的家长朋友，孩子年龄可能从几岁到十几岁的都有，所以我在这里再按照时间顺序，对这个信任效应进行更细致的阐述：

总体的原则是，对孩子信任，越早越好。

不知道你对这些事儿还有没有印象？当男孩还是婴幼儿的时候，他就会想要做各种事情，比如，一岁时，他就去抓碗筷，想自己吃饭，尽管他会将饭吃得到处都是，可他却开心不已、乐此不疲；两三岁时，他又想要自己穿衣、穿鞋，自己打开零食盒子；四五岁时，他就希望自己能做更多的事……可以说，在这些时候，男孩都充满信心。

当他表现出这样的意愿时，我们要信任他，允许他去做，而不要盲目干涉，更不要粗暴阻止他。就拿吃饭来说，在没有学会吃饭时，男孩的手控制不好力度，也控制不好平衡，所以他会把饭吃得到处都是。这个时候，我们要保持耐心，一边给他做示范，一边跟他说"慢慢来"，鼓励他，让他有一种"我能做"的感觉。这样，他就会不断尝试，进而不断成长。

当日常生活中的信任效应发挥作用时，在他遇到困难时的信任效应才会起作用。所以，对男孩的信任，最好在平时就有，而不要"临阵磨枪"，否则，效果一定不明显。

第四，适当给男孩布置一些带"挑战性"的任务。

这里所说的挑战性，不是不可能完成的任务，而是一些之前他没有做过，但又能帮助他提升能力的任务。比如说，男孩以前从来没有独自去超市买过东西，我们就可以给他钱和一个购买清单，让他帮我们去超市采购生活必需品。当然，这需要一个过程。

比如，第一次，我们可以陪他去，但我们不参与采购过程，而是把这个权利让给他，我们在收银台等他就好。

在这个过程中，男孩的信心、勇气、对钱的使用能力、与人沟通的能力等都能得到锻炼。他顺利完成任务之后，我们要及时表扬他。如果他没有完成这个小任务，我们也没必要批评他，更不要说他是"胆小鬼""笨蛋"等，否则，会让男孩变得越来越没有自信。

他一次没做好那就做两次，两次不行就三次，总之，能力都是训练出来的。相信男孩一定会从这样有"挑战性"的任务中学到更多东西，从而大大提升克服困难的能力。

第五，用故事来引导，给男孩战胜困难的力量。

俗话说，"自古英雄多磨难"，古今中外许多名人的成功，都是克服了众多的困难才实现的。就像《真心英雄》这首歌里唱的，"没有人能随随便便成功"。

所以，为了引导男孩勇于克服困难，我们就可以给他多讲讲名人战胜困难的故事。

比如，苏联作家奥斯特洛夫斯基（Островский）出生在一个贫困家庭，11 岁就开始当童工，1919 年加入共青团参加国内战争，1929 年全身瘫痪、双目失明。用常人的眼光来看，他的人生似乎异常坎坷、不幸，但 1930 年，他却用自己的战斗经历作素材，以惊人的毅力开始创作长篇小说《钢铁是怎样炼成的》，这部小说获得了巨大的成功，并成为世界名著。

再如，法国科学家居里夫人（Marie Curie），她的科学家丈夫1906年因车祸而去世，居里夫人万分悲痛，但她却没有因为遭遇不幸而消极下去，而是竭力控制自己的情绪，努力抚养孩子成才，并继承丈夫的遗志，继续进行科学研究。经过不懈的努力，1911年，居里夫人因为发现放射性元素钋和镭，再次获得诺贝尔化学奖。她第一次获诺贝尔物理学奖是在1903年，是居里夫妇和法国另一位科学家贝克勒尔因为对放射性的研究而共同获得诺贝尔物理学奖。由此，居里夫人成为世界上第一位两次获诺贝尔奖的人。

类似的故事非常多，这都是男孩成长的榜样。要相信榜样的力量是无穷的。所以，我们也不妨给男孩看一些"名人成才故事"的书，或者是名人传记，让他通过自主阅读，了解名人与困难做斗争的故事，获得更深刻的感受，从而激励自己勇于克服各种困难。

第六，鼓励男孩再努力"坚持一下"。

一个拳击手曾说："在受到猛烈攻击的时候，倒下与其说是一种解脱，不如说是一种诱惑。每当这个时候，我都在心里告诉我自己，'挺住，再坚持一下，只要不倒下，我就有胜利的可能'。"可见，成功往往来自"再坚持一下"的信念。

其实，有时候，成功和失败的距离往往只有一步之遥，只要再坚持一下，就能抵达胜利的彼岸。但是一些人因为已经在前面的困难中筋疲力尽，在最后的关头，可能遇到一个微小的困难或者障碍就放弃了。所以，在男孩遇到困难产生要放弃的念头的时候，就需要我们在背后鼓励他，"再坚持一下"，就可能出现"山重水复疑无路，柳暗花明又一村"的转机，从而使他有坚持下去的勇气和力量。

第七，提醒男孩：你可以向人求助，但求助方式要正确。

我们要提醒男孩：遭遇困难之后，无论怎样做都没办法克服的话，那就不要"一条道走到黑"了，不然，可能就永远也没办法解决。这时，不妨试着向别人求助。

我们要让男孩记住的是，求助别人是有前提的，就是不要一遇到困难就立即求助，而是在自己充分努力的基础上，仍旧没有办法突破，这时才可以考虑求助他人；再就是，他要通过仔细分析，明确自己遇到的困难究竟在哪里，而不能只笼统地告诉别人"我做不了"，否则就是赌气、不懂思考、撂挑子的行为；还有，他不能要求别人帮忙帮到底，别人也只能是提醒他，之后还是需要他自己亲力亲为去解决，这样他才能积累经验，获得成长。

还要提醒男孩注意一点，就是求助时他要有礼貌，态度要诚恳、谦虚。如果他是在校外和家外向陌生人求助，也一定要注意自身安全。

抗挫抗压：
男孩做了错事，怎样提升抗挫、抗压力？

孩子犯错误，本身并不是什么大问题，因为这是他成长的必经之路。但犯了错误不承认，还顶嘴，或者是因为害怕犯错误，而不敢去做事，显然就有问题了。但我想说的是，之所以会出现这样的结果，跟父母有很大关系。也就是说，是我们亲手把孩子培养成犯错不承认，或者害怕犯错的。

我讲一个场景：有个男孩在外面跟别的孩子起了冲突，他妈妈风风火火地赶过去，自己一边低声诚恳地向人家赔礼道歉，一边却把孩子护在身后，并跟对方说："都是我们管教不力，他还小，不懂事。"其实这就是掩饰孩子的错误，代他承担责任。

还有更夸张一些的，就是孩子已经犯了罪，但父母却包庇维护，甚至替他顶罪。类似这样的新闻报道屡见不鲜。也就是说，我们已经替犯错的孩子承担了责任，那他还愿意承认错误吗？他还会有主动承担的责任感吗？未来，他犯了错误后，又怎么会有抗压能力呢？

再就是，有的孩子主动承认错误之后，反而招来父母的一顿批评，甚至是打骂。还有更夸张的，比如：

孩子犯了错，不敢跟妈妈说，但妈妈从孩子的表情动作里，一眼就看出有问题，有情况，基本判断孩子可能做错了什么事，但又不知道具体是什么事，于是就"鼓励"孩子说："你跟妈妈说实话，你做错什么了？说出来，妈妈保证不怪你！"

孩子听妈妈这么一说，也就没什么心理压力和负担了，于是一五一十地就都说了。没想到，刚说完，妈妈就吼上了，而且还附带着拳脚相加，把孩子给好好地收拾了一顿。

孩子非常郁闷，甚至后悔跟妈妈承认错误，因为妈妈答应不怪他的，但却做不到，只是诱导他说出来而已。

想想看，下次孩子再犯错误，再做错事，他还敢承认吗？恐怕我们再让他说，他也不愿意说了。你看看，孩子犯错不愿意承认，或者说是不敢承认，到底是谁的原因？答案是不是很明显了呢？所以，我们还是要从自身的改变做起，不要一味地指责犯错误的孩子。

那男孩做了错事，或犯了错误，我们怎样引导，才是合适的？下面，我讲 8 个要点：

第一，不妨用沉默的方式对待犯错误的男孩。

美国教育家塞勒·塞维若（Sal Severe）曾提出这样一个观点，他说："犯错之后，每个人都会或多或少地有沮丧和后悔的心理。对于性格好强的孩子来说，与其喋喋不休地数落他们的错误，倒不如保持沉默，给他们认识错误的空间。"

的确，当男孩犯了错误之后，他会感到沮丧、害怕、难过，如果我们再批评他，势必会造成彼此之间的隔阂。这时候，我们不要急于教育他，不要直接指出他错在了哪里，而是先把这件事情放在一边，保持沉默，给他认识错误的机会和时间。沉默教育是对男孩的一种感化教育，不仅可以激发他的自尊和自爱，还可以维护我们的形象，增进亲子间的关系。

第二，让男孩从小就学会承担犯错误、做错事的后果。

一般来说，男孩在两三岁时便已经具备了一定的心理承受能力，所以有些错误后果完全可以交给他自己来承担。

比如，他弄坏了自己的玩具，那就要如实告诉他，"玩具坏了，是你自己弄坏的，所以你再也玩不了这个玩具了"。这就是在提醒他，玩具是他自己弄坏的，那么后果也要他自己来承担。同时这也提醒他，如果他再不小心对待其他玩具，那他可能还会承受同样的后果。

知道了这样的后果，男孩虽然可能会哭闹一阵儿，但他却会开始思考，并对自己的行为有所收敛，以后再玩玩具时，他可能就会珍惜许多。

再换一个场景：

假如男孩作业少做了一道题，他自己并没发现，但你检查的时候发现了。你会怎么办？想一下。如果你直接告诉他，他当然会马上补上，从而免受老师的责备。可这样一来，男孩却会感到很"安心"，因为他知道即便自己粗心大意也并没什么大问题，毕竟妈妈总会在后面帮他兜着，一定会帮他处理因为粗心大意而带来的各种后果，他根本就不会有过多的担心。

本来该是男孩自己来应对和解决的粗心大意的问题，却要你来帮他承担后果，这对男孩就是一种放纵，时间一长，就会让他产生依赖心理。所以，遇到类似问题，完全可以不用提醒他，就让他把这没做完的作业交给老师。

经历过这事之后，男孩可能会抱怨你："为什么不告诉我少做了一道题？"

这时你应该平静地回答他："因为那是你自己的作业，有问题应该要自己去发现，如果你没注意到，那最终的结果就该由自己来承担。"

当男孩看到你真的不给他担责，而他又受到某种惩戒之后，他就慢慢学会为自己的作业负责了。但我们也不要对此"幸灾乐祸"，不要讽刺孩子的粗心大意：

比如，"我看你就是喜欢粗心！这多好啊，让老师骂一顿才舒服，你真是不嫌丢脸啊！""活该，让你再粗心，以后有你受的！"……

这些话没有任何正面积极的意义，都是负能量，大可不必说。我们的目的是要让男孩能自己承担粗心大意的后果，而不是让他彻底对自己失望。

第三，要重视提升男孩对不良后果的承受能力。

我还是以粗心大意来举例：

男孩因为粗心大意而所要承受的不良后果可能表现为：老师的批评或者惩戒；同学们的嘲笑；因为没做完作业而导致练习量不够，结果对某些知识点掌握不熟练……这还只是作业中的后果，生活中如果继续粗心大意，那他就还要承受更严重的后果。

为避免男孩的精神被这些严重的后果打垮，我们就要锻炼他的承受能力或者是抗压能力。

可以提前向男孩讲明粗心大意的后果，提醒他重视，时刻警惕，不能麻痹大意。如果有一些不良后果出现，也要从容应对，永远记住一句话：只要思想不滑坡，办法总比困难多。要有这个信心。但更要以这些后果为戒，学会承担。当然，也不是说所有后果都要让男孩自己去承担。有些很危险的后果，比如，他因为好奇打开了煤气阀门，或者打碎了玻璃，这时不要让他自己去处理，但要让他认识到这个问题的严重性，避免以后再冒失、鲁莽。

第四，允许男孩犯错，但也要引导他以后不再犯同一种错误。

有的父母对男孩比较苛刻，甚至不允许他犯错，一旦犯错就会严厉惩戒。这样做，对男孩就是过度约束了。因为男孩的成长过程，会不可避免地伴随着各种犯错行为，他就是在不断地犯错中成长的。如果一点都不让他犯错，就相当于干涉他的成长。

况且，不犯错的孩子是没有的，犯错是他成长的好机会。我们可以针对他的错误，与他一起寻找原因，提醒他要注意哪些细节，可以给他一些建议，或者给他做一些示范，或者是就那件事进行二次训练，也可以引导他独立思考，让他换个角度去想想，从而尽可能保证他以后不再犯同样的错误。就像孔子的得意门生颜回那样，"不贰过"，就是说，同样的错误不犯两次，让他在"只犯一次"的错误中不断成长。还要鼓励男孩多充实自己，丰富自己的知识，提升自己的能力，这个能力既包括做事能力，也包括抗压能力。

第五，提醒男孩不为错误找借口，坦然承认并改正才是勇者。

男孩都希望自己是英雄，而在他心目中，英雄是不会犯错的。所以，每当男孩犯了错误，他就会去找五花八门的借口，以维护自己的"形象"。

但真相永远都是真相，怎样掩盖都无济于事。

我们要引导他认识到错误，并努力改正。所以，要提醒他，如果他犯了错误，就老老实实地承认，并找到原因，及时补救，这样就能弥补小错带来的后果；而如果用借口掩盖了错误，就好像是用整洁的衣服遮住了身体上的伤口，虽然表面看着好看，但伤口放之不管的话，它会慢慢溃烂，到时候可能会给人带来更大的痛苦。

所以，不要为自己的错误找任何借口。而且，还要坦然承认错误并改正。

古人云："人非圣贤，孰能无过？"犯错是人之常情，犯了错能勇敢地承认错误，并尽自己的努力去改正错误，对已成的事实进行补救，这样的人也是值得人们尊敬的。正所谓，"过而能改，善莫大焉！"也就是说，能改正错误，也是非常好的一件事了。所以，我们不要让男孩放过任何一个小错误，督促他成为一个知错就改的好孩子。

第六，引导男孩学会自我激励。

美国心理学家威廉·詹姆斯（William James）曾做过一项调查，结果发现：一个没有受过激励的人，仅能发挥自身能力的 20%～30%，而当他受到激励之后，能力可以发挥到 80%～90%。也就是说，一个人在受到充分的激励后所发挥的能力相当于激励前的 3～4 倍。

所以，我们要尽早教会男孩自我激励。比如，可以引导男孩对自己进行正面、积极的语言暗示；比如，他应该说"我一定能成功"，而不是说"我不可能失败"；或者说"学习对我来说很容易"，而不是说"学习并不难"；又或者说"我相信自己会赢"，而不是说"我是不会输的"。不知道你有没有注意：就是前面他该说的那句话，会在男孩大脑中种下成功的因子，潜意识会引导他去"成功"；而后者种下的是失败的因子，大脑潜意识会引导他去给自己设置"失败"的障碍。所以，要告诉男孩：决不能低估消极心态的力量，要坚决远离。

也可以让男孩每天记录自己的点滴进步，让他看到自身潜力，帮他树立信心；等等。男孩做事，只要他努力了，不管结果如何，我们都要及时肯定和鼓励他。我们的肯定和鼓励，是他不断自我激励和挑战自我的动力，也是他勇气的重要来源。

第七，教男孩建立良好的自我期许。

有研究表明，一个人心里如果能够设想和相信什么，他就能够用积极的心态去获得什么；如果他把自己想象成什么人，将来他就真的会成为那样的人。

英国伦敦大学的罗勃·博哈利博士曾做过一个实验：一次，他在教一些智力有些低下的孩子们学习的时候说："想一个你认识的很聪明的人，然后闭上双眼，想象你就是那个聪明人。"孩子们按要求照做后，测试结果显示，孩子们的分数都有明显的提高！

为什么会这么神奇呢？因为你如果调动了全部身心，投入非常生动的想象中去，大脑的潜意识就分辨不出什么是现实，什么是想象。然后，大脑就会按照你在想象时创造的记忆线路，自动下达行动指令，引导你走向你强烈设想的情境。

所以，当男孩参加一些富有挑战性的活动时，比如重要的考试、竞赛前，或学习中遇到困难时，我们也要教他在心里暗暗提醒自己：沉住气，胜利一定属于自己。这样，他就会提升自信，情绪也会非常平和，抗压能力就会提升，就能有更多的精力与智慧去克服困难。

第八，引导男孩及时排解心理压力。

我们可以跟男孩谈心，解开他思想上的疙瘩；帮助他分析原因、解决问题；给他做出某些承诺，消除他的顾虑；鼓励他坚强、自信，化解心理压力；善意地关心他的事，获得他的信任感；让他从事一些文体活动，转移其注意力。

再进一步来说，就是有目的、有计划地对男孩开展一些"操练"。比如，身体运动方面，可以尝试深呼吸、步行、慢跑、骑车、各种球类运动、跳绳、游泳等有氧运动；心理方面，比如，有意识地鼓励他在运动中培养意志品质；通过他擅长的事来树立他的自信心；在他失败、失意的时候给他鼓励；引导他及时与同学、朋友、老师以及父母沟通；还可以进行冥想……

适应能力：
如何培养男孩面对陌生环境的适应力？

从古至今，适应环境的能力都是人类赖以生存的最基本的本领。一个人如果没有良好的适应环境的本领，就很难在各种激烈的竞争中取胜。

其实，孩子长大的过程，就是他努力适应不同环境的过程。

刚来到这个世界的时候，孩子会通过最基本的感知来适应陌生的环境；稍微长大一些后，他就要开始适应家庭生活；上学之后，他就要慢慢开始适应学校生活；而成年之后，他就又要去适应工作环境。可见，他所在的环境都是不断变化的，而变化后的环境当然都是新的，都是陌生的。所以，强大的适应能力对孩子来说，就非常重要了。

美国儿童心理学家格里尼（R. Greany）博士曾说："每一位做父母的都应该意识到，在现实社会中，你不可能总是为孩子提供一个完美的生活环境，所以，教孩子迅速适应环境，才是最重要的。"其实，所谓的"适应环境"，并不是一味地"顺从环境"，而是根据生活环境条件，不断地进行自我调整，以便让自己与环境保持一种协调与平衡。

而良好的适应环境的能力也是一个人逆商强大的重要特征之一。尤其是对于男孩来说，他未来可能会面对更多的陌生环境，那我们应该怎样教他更好地迎接陌生环境的挑战，战胜陌生环境，适应陌生环境呢？以下我讲 7 个要点。

第一，经常带男孩去接触陌生环境。

也就是说，我们可以有意识地带男孩多接触一些新环境，从而培养他的适应能力。比如，带男孩去一些他不经常去的地方玩儿，在保证安全的前提下，我们可以鼓励他去探索自己感兴趣的事物，我们不要寸步不离，可以跟他保持一段距离，但视线还是要在他身上，而不要自顾自地玩手机，这样，他会有一定的安全感。在他确实需要帮助的时候，我们才去帮忙，或者协助他做一些探索性的工作。同时，也要鼓励他主动跟别的孩子交流、一起玩。

这个过程，需要循序渐进，慢慢地，男孩就会有勇气融入陌生环境、适应陌生环境。

第二，教男孩学会正确分析环境。

哲学上讲，内因是变化的根据，外因是变化的条件。客观的环境是首要的、基础的条件，是一切生存活动得以开展的前提。所以说，正确地分析环境，才能适应环境而生存。

比如说，太空环境是缺氧的，宇航员要想生存就要备足氧气；在野外、大森林中，遭到野兽攻击的可能性很大，要想不被攻击，就要有所防备；而今天是一个信息时代，要更好地适应这个时代，就需要刻苦努力学习新技能……

我们要告诉男孩，要想适应新环境，就需要从分析环境开始。不对客观环境有一个系统的、全面的认识，就很难准确地找到应对的方法，当然也就很难适应。

所以，我们要让男孩在实践中不断地提高自己对环境的判断力，学会在复杂的外界环境中整理、分辨、选择、规避伤害，更精准、更有效地把握现实环境中有利于自己生存、发展的信息；善于抓住复杂事物的关键信息，把那些与自身成长进步不大的刺激物或信息从自己身边拿开，从而更直接、更快速、更彻底地融入新环境。

第三，鼓励男孩坦然面对新环境，愉快接受新环境。

一些男孩在面对新环境的时候，内心总会很抵触，总喜欢以新环境的缺点和以前的优点相比，不愿意接受新环境。

其实，适应新环境，融入新环境既是一门技术，也是一门艺术，要与现实环境保持良好的接触，以客观的态度坦然面对现实，冷静地判断事实，理性地处理问题，随时调整自己的情绪，只有这样，才能保持良好的适应状态，才能让自己更好地融入其中。

下面我具体讲一下：

首先，不要让男孩寄希望于新老环境一个样。环境肯定都是变化多样、各不相同的，要引导他寻找新环境中的可爱之处，从而让心情好起来。

其次，鼓励男孩利用新机会，接受新挑战。新环境就是新挑战，让他尽自己的努力去表现自己，新环境也许会给他意外的惊喜。

再次，要教男孩在陌生的环境中保持微笑。在陌生环境里，绝大多数人都习惯板着面孔，好像都有一定的防备心理，实际上是对周围环境的一种排斥。他们以为这样，就可以让自己避免受到来自外界的伤害。结果，随着时间的推移，陌生环境依旧陌生，他们自己却已经疲惫不堪了。其实，如果学会在陌生环境中微笑一下，可能会更好。因为陌生环境并不是指无人岛、沙漠、丛林等，更多的是指男孩不经常去的新环境，如果男孩能够微笑面对陌生环境，他就会在心理上更放松一些，更坦然一些。所以，要引导男孩多一些真诚和友善。当他送出一个微笑时，就会得到一个甚至多个微笑，内心也就不会再紧张，人与人之间也会变得更融洽。这样，他在陌生的环境里感到的将是舒心和温暖，而不是郁闷和冰冷。

最后，引导男孩敢于承认自己的不足。进入一个新环境前，他可能并没有发现自身某种缺点，但是现在表现出来了，不过一时也改变不了，与其苛求自己改变，不如一笑了之，因为在这个世界上还真找不到一个十全十美的人。所以，鼓励他大胆承认、接受自己的不足，这样他面对新环境，才会有一个平和的心态，那接下来的生活和学习，才会更美好！

所以，我们要鼓励男孩在新环境中主动参与各种活动。告诉他，环境是不能躲避的，只有坦然面对，大胆接触才能更快融合。以上讲的是第三点，内容还是比较多的。

第四，引导男孩学会排解挫折情绪。

适应环境，并不是想适应就能适应的，也可能难以做到坦然接受、愉快接受，因为这个过程，可能还会遇到一些困难与挫折，这就需要我们引导男孩学会排解挫折情绪。

首先，要让男孩懂得，遇到挫折时，尽量少考虑暂时的得失，多想想美好的未来，不断激励自己振作起来。

其次，要引导男孩明白挫折的本质，了解产生的原因。如果问题在于他自己，可以引导他调整自身的行为；如果挫折是来自客观条件的限制，不容易改变，那就可以调整他自身的期望和标准，从而缓解挫折带来的消极感受。

再次，在遭受挫折后，要让男孩懂得化悲痛为力量，懂得发愤图强，争取早日战胜挫折。

最后，当男孩自己无法解决时，可以求助于父母、师长以及朋友等，在他们的指导下，让自己尽快走出情绪的低谷。

男孩的人生之路还很漫长，未来的风霜雨雪会更多、更大、更猛烈，我们必须要让他学会在生活中、实践中锻炼、提高、增强抗挫折的能力。其实，挫折、失败、困难并不可怕，只要他能适应挫折，勇于拼搏，就会战胜惊涛骇浪，到达成功的彼岸。

这样的道理值得仔细琢磨，而不要当成励志类的文字听听就完了。

第五，引导男孩主动调整自己的行为。

任何环境中都存在着两种因素：有利于个人成长的积极因素和不利于个人成长的消极因素。我们要引导男孩：正确地分析自身特点及环境特点，找到自己的生长点，从而让利于个人成长的积极因素发挥作用。

美国著名心理学家马斯洛（Maslow）在谈到成长与环境的关系时说："环境的作用最终只是容许他或帮助他，使他实现自己的潜能，而不是实现环境的潜能。环境并不赋予人潜能，是人自身以萌芽或胚胎的形态具有这些潜能，正如他的大脑、眼睛、胳臂、腿一样。"这种观点给我们很大的启示：也就是说，我们每个人都有着无限的潜能，环境只是潜能发展的条件，而不是潜能的"种子"。如果改变不了环境，那就主动调整自己的行为，就是改变自己。

所以，我们要告诉男孩：当他暂时没有办法改变坏境的时候，不要消极，不要抱怨，而是要下定决心改变自己，从而更快地融入环境。因为外界环境往往会在一瞬间转变，一个人唯有不断改变自己，让自己适应现实环境的考验，才能在新的环境中赢得一席生存之地。所以，与其改变环境，不如改变自己。当然，这个改变，一定是正向改变，而不是负向改变。

我讲个例子：有个男孩被父母送到国外留学，他租住在校外，总是跟同学抱怨他的房东不好，老是想着搬家。同学就问他："房东哪里不好？"他回答说："他总是让我好好收拾房间，还非得让我每次洗漱过后，把洗手池、洗手台给擦干净，洗完澡后还得把浴室拖干净；一堆的事儿，真是麻烦……"

请问，你有什么感想？你的孩子是这样的吗？或者你在平时生活中也这样教他吗？我不知道，你可以思考一下。

我想说的是，这个留学生男孩，就像一则寓言故事中的乌鸦，不停地搬家，不停地抱怨，结果走到哪儿都不受欢迎。

所以，我们要让男孩明白，在成长的路上，遇到什么样的环境可能并不在自己的掌控之中。但是，能不能改变自己去适应环境，却是在自己的掌控之中。其实，"改变自己事半功倍，改变环境事倍功半"。遇到没有办法改变现实的时候，就得从自身开始做起，努力改变自己，让自己适应环境，并从新环境中汲取营养。

第六，有意识地创造新环境让男孩去适应。

有时候，我们也可以有意识地创造一个新环境，让男孩试着去适应它。这个新环境，可以是假设虚拟的，也可以是真实的。

我们可以就一种假设的新环境与男孩交谈，比如，可以问他"假如你现在转学了，你打算怎样适应新学校、新老师和新同学呢"？我们可以引导男孩对他的回答继续补充完善，这就是一种适应新环境的演练，也就是说，很多事可以"有备而来"，适应新环境也一样。

这是虚拟假设的新环境，那真实环境又是怎样的呢？比如，可以尝试在假期让男孩离开家到别的地方住几天，比如到爷爷奶奶家、外公外婆家，参加靠谱的夏令营、冬令营等。这样的短期锻炼，也可以在一定程度上提升男孩适应新环境的能力。

第七，加强男孩的社会实践锻炼。

我们都有这样的体会：有些事，经历得多了，再遇到类似的情况，我们也就知道该怎么做了。所以，我们要鼓励男孩多参加各种各样的社会实践，以此来锻炼他待人接物的能力、处理事情的能力、与人相处的能力……

比如，鼓励男孩去参加学校或班级组织的社会实践活动，无论是做义务保洁员、做小交通协管员，还是担任其他角色，他都要认真对待。在活动中，他除了要安排好社会实践计划，还要记录下自己的实践经历和体会，这也是一种经验积累。

另外，也可以鼓励男孩自己去思考，自己主动找一些社会实践来做。当然是在保证安全的前提下。

总之，男孩通过不断地与社会接触，他对社会环境的适应能力就会不断增强。

危机意识：
怎样教男孩遇到"突发事件"时从容自若？

这里有两个关键词，分别是危机意识和突发事件。

危机意识，是指人们对紧急或困难关头的感知以及应变能力。包括两大方面，一是危机防范，二是危机处理。危机意识是一个人进取心的源泉，也是他得以成长与发展的重要动力。

危机意识，并不是舶来品。因为早在两千多年前，《左传》中就说："居安思危，思则有备，有备无患。"说的就是危机意识，防患于未然。而孟子也曾说过"生于忧患，死于安乐"的经典名句。意思是说，有忧患意识可以激发斗志，从而使人或国家生存发展，而安逸享乐则会消磨斗志，从而使人或国家萎靡灭亡。这说的也是危机、忧患意识。千百年来，这样的至理名言得到了极大的验证。大至朝代的更迭，小到个人境遇、命运的变迁，都给我们留下了发人深省的警示，那就是一定要有危机感和忧患意识，不然，就是自取灭亡。

实际上，忧患和安乐是相伴而生的，在安乐中思虑忧患、思虑危机，才能在危机来临时保持清醒，并有奋进的动力。一个民族拥有强烈的危机意识，这个民族就能生生不息；而一个男孩拥有强烈的危机意识，他就会不满足于现状，从而不断努力，以提升自己。

那什么是"突发事件"？其实就是指毫无征兆的、完全出乎人们意料的事情。既然是出乎意料，那就意味着随时都可能发生。对男孩来说，这些突发事件可能是各式各样的，比如打架斗殴、迷路、被骗、火灾、溺水、触电、地震、洪水、遇到各式各样的坏人……

在物质极其丰富的今天，男孩大都生活在蜜罐里，如果我们不培养他的危机感与忧患意识，他心中也没有长鸣的警钟，也不懂得应对危机的方法，那从来没有经历过任何突发事件的男孩在面对突发事件的时候，可能就会不知所措，后果将不堪设想。这不仅会影响男孩的正常学习和生活，甚至还会威胁他的生命安全。所以，镇定自若地应对"突发事件"，是男孩必修的一堂课。

我们都知道司马光砸缸的故事，这是一件真事，在《宋史》中就有记载，说："群儿戏于庭，一儿登瓮，足跌没水中。众皆弃去，光持石击瓮，破之，水迸，儿得活。"还是古人厉害，只用了 30 个字，就把这件事的起因、经过、结果描述得如此清晰，也凸显了司马光遇到"突发事件"时的冷静与镇定，这确实值得我们和男孩学习。

所以，培养男孩的危机意识，教他遇到"突发事件"能够镇定自若、从容应对，非常重要，那应该怎么做呢？以下我讲 5 个要点：

第一，引导男孩在平时生活中建立危机意识。

我先讲一则寓言故事，是两只动物的对话：

一头野猪正对着树干磨它的獠牙，一只狐狸看见了，就问它："你为什么不躺下来休息一下呢？现在又没有猎人和猎狗。"

野猪回答说："如果等到猎人和猎狗出现时再磨牙，那就来不及啦！"

这则简短的寓言，告诉我们一个深刻的道理：只有在平时增强自己的危机意识，提升危机处理能力，才能在突如其来的意外中取胜。

这头野猪，比我们从小就非常熟悉的那只"寒风冻死我，明天就垒窝"的寒号鸟可厉害多了，顺便说一句，寒号鸟不是鸟，是一种哺乳动物，学名叫复齿鼯鼠，我估计孩子们都知道，但家长未必知道。好，再说回来，如果拿野猪和寒号鸟对比，就可以发现，没有危机意识就会时刻面临"杀机"或"危机"，而拥有危机意识和危机处理能力就会迎来"生机"或"转机"。而且，野猪的危机意识，是在平时生活中就有的。

这就给我们一些启发，其实，男孩的危机意识，也应该在平时的生活中建立。

除了给男孩多讲讲"生于忧患、死于安乐""居安思危""未雨绸缪""凡事预则立，不预则废"等道理之外，还要联系生活实际。

比如，我们可以这样引导男孩："你觉得你在班里的成绩排多少名？这个名次能保持多久？如果同学超过了你，你应该怎样做呢？""如果有一天你放学没见到我们去接你，你会怎么做？"这样一来，男孩就会思考这些问题，就能看到自己的不足，从而及时弥补这些"短板"。其实，这就相当于防患于未然。

第二，教男孩学会遇事不慌张，不着急，冷静思考。

要提醒男孩，遇到突发事件，首先要冷静，遇事不慌、处事不惊。这样，才能让大脑正常运转，才能更好地应对眼前的突发状况，顺利地解决问题。

所以，我们平时要给男孩创造一个相对轻松、自由的成长环境，不要处处限制他，也不要事事都替他打理好。不然，他就很难有独自处理问题的机会，也没有解决实际难题的方法，当他遇到突发状况的时候，又怎么能做到随机应变呢？

另外，也要时常告诫男孩，做事要懂得"三思而后行"，不能着急忙慌。这样也有助于他能冷静地面对突发的事件，提高应变能力。

这也要求我们自己平时遇事就不能慌张，要给男孩做出镇定的好榜样。比如，不要有一点小事，就"哎呀""妈呀"地感叹，甚至一副魂不守舍、不知道如何是好的样子，这给男孩的观感非常不好，他如果经常看到我们这样，那他遇事想不慌张都难，遇到"突发事件"还想从容应对，那几乎是不可能的事。所以，要求男孩做到的，我们自己先要做到。

第三，有意识地制造一些"突发事件"来训练男孩。

比如，可以为男孩创设丢钥匙、迷路、找不到家人、遇到坏人、手划破了、遇到地震、火灾等情境，引导他想出各种自救的办法，并进行模拟演习。

当然，在最开始锻炼的时候，可以给他一些提示，比如，迷路时该向谁问路，或者通过什么方式辨别方向；等等。几次锻炼之后，就要给他独立处理问题的机会。男孩经历得多了，锻炼得多了，再遇到类似情况时，就知道该怎么做了。

一位妈妈接儿子放学回家，到家门口时，她假装忘记带钥匙了，就让儿子想办法。

儿子开动脑筋，想了很多办法，比如，给爸爸打电话、去别人家、住宾馆去、找开锁公司……而且还一一分析了利弊，正当他要选择最好的一种办法时，妈妈突然从兜里掏出了钥匙，晃了晃说："儿子，对不起啊！妈妈刚才就是想试试你，看看你会不会应对这件事。"

儿子有点惊讶地看着妈妈，他问："结果呢？"妈妈笑着竖起大拇指说："你做得很好！临危不惧，有理有据，值得表扬！"

其实，突发事件虽然发生得很突然，但也不是完全无法应对的。办法只要想，总是会有的。所以，要提醒男孩，既然事情已经发生了，与其着急沮丧，不如积极开动脑筋想办法。只要自己不乱阵脚，就一定可以想出办法来。

虽然一开始，男孩面对突发事件可能会不知所措。但通过训练，他就会慢慢总结出这样的经验：着急、害怕是没有用的，只有冷静、镇定，才有可能想出好办法来。可见，平时的演练很有必要。这既是游戏，又是模拟练习，关键时刻还会发挥积极作用。

第四，多教男孩一些应对各种事件的方法。

发生在男孩身上的"突发事件"可能有很多，无论是在学校还是家庭中都有可能出现。我们应该提前教男孩一些应对方法，以备不时之需。

比如，要教他如何应对地震、洪水、大风、暴雪等自然灾害，告诉他都应该注意哪些事项；还要教给他如何应对火灾、溺水、触电等伤害，他除了要学会防范之外，最好还能在保证自身安全的前提下进行救治；同时，也要教他规避校园中潜在的各种伤害，要告诫他提高警惕，懂得保护自己；另外，要让他牢记"110""119""120"等报警、急救电话。

我们可以给男孩讲一些发生在身边的鲜活事例，或看一些法制类节目，然后跟他一起分析和讨论，主人公是如何处理"突发事件"的？有没有更好的方法？这些真实的事例再加上生动的分析和讨论，一些具体的应对方法就会印刻在男孩的大脑中。

我们也可以在家演练，比如模拟触电、火灾、地震等场景，让他应对，可以多次模拟，以提升他的应对能力。还可以给他买安全教育手册，或者观看学生安全教育平台的相关视频……男孩的危机意识提高了，又掌握实际技能，当他真正面临危机时，就能从容应对了。

也要告诉男孩，每个人都有一种应对"突发事件"的力量，要坚信这一点，这样男孩就会有自信，会认为自己有能力应对它，自然也就会镇定自若地想办法。

第五，不要让男孩过太过优越的家庭生活。

19世纪末，美国康奈尔大学曾做过一个非常著名的"温水青蛙实验"：

实验者把一只青蛙突然丢进煮沸的大锅里，这只反应灵敏的青蛙在千钧一发的生死关头，触电般地立刻就跳了出来。半小时后，实验者又把它放在一个装满凉水的大锅里。青蛙在里面自由地游动，而实验者开始慢慢在锅底以每分钟 0.2℃ 的速度加热水温，青蛙并没有立即跳出来，甚至还显得非常享受，等到水温让它无法忍受，必须奋力跳出才能活命时，已为时太晚。它试图往外跳，但却因为全身乏力，再也跳不出来了。

有科学家对这个实验做了分析，第一次青蛙能立即跳出，是因为它受到了沸水的剧烈刺激。第二次因为水温是缓慢加热，青蛙就放松警惕，甚至失去了危机感。但当危机真正来到的时候，它却已经没有能力逃生了。

这个实验提醒我们，太过安逸的生活，很可能会磨灭我们的危机意识、斗志以及应对突发事件的能力。

如果男孩的日常生活特别安逸、优越，衣来伸手、饭来张口，大手大脚花钱，对学习成绩也没有太高要求，他会觉得生活中的一切都得来全不费工夫，那他就会不思进取，也不会为前途、未来考虑，自然也就不会有危机意识，就会因为惰性而成为"温水青蛙"。一旦遇到危机时，就会被打倒。可见，安逸、优越的生活是男孩危机意识的敌人。

所以，我们不要让男孩过太过优越的家庭生活。比如，鼓励他早睡早起，引导他多劳动，培养他的勤劳美德；提醒他杜绝奢侈浪费，培养他勤俭节约的精神；多重视他的精神生活，引领他追求高尚的道德品质和远大的人生理想……这样，男孩才不至于被安逸的生活现状所吞噬，才会有危机感，也才会有进取心，从而更好地生存下去。

6

父母角色：
为男孩营造自动自发成长的软环境

家庭环境：
男孩需要一个怎样的成长环境？

　　男孩的成长教育离不开一定的环境，这个环境究竟是什么呢？我想，它并不是一座房子这么简单。虽然房子看上去是"实"的，但它所建构的却是一个"虚"的环境，也就是说，这个由"外物"支撑的环境是男孩"安身"的地方，对男孩的成长只起到辅助作用。男孩成长的"真"环境在哪里呢？就在父母这里。在我看来，父母才是男孩最"真实"的"成长环境"，这个环境才是孩子可以"安心"的地方，对男孩的成长起着决定性作用。

　　对男孩来说，家庭是他最常待的环境，所以家庭环境如何，也就决定了他是不是能够以一种良好的心理状态来投入学习和生活之中。

　　比如，如果家庭中经常发生争吵，动不动就大呼小叫、恶语相向，男孩在这样的环境下，内心也会变得充满戾气，这种戾气放在学习上，就会认为一切让他感觉不好做的题都是在和他作对，他会忍不住用家人之间彼此吼叫的话语来表达自己的不满，整个人都显得比较急躁。

　　再如，如果家庭充满各种负面情绪，彼此互相不停地挑对方的错，全家上下都处在一种"低气压"中，那么男孩内心也会感觉压抑，变得比较悲观，害怕自己出错，更害怕自己的错误被家人发现，久而久之，男孩会变得过分小心谨慎、不自信。

　　所以，我们整个家庭的氛围如何，也同样是影响男孩内心环境的关键所在。而这种心理环境的塑造正需要我们家庭中所有成员的共同努力，那么我们就要一起努力来营造一个"岁月静好"的家庭心理环境，让家庭成为男孩的第一所情绪管理学校。

正所谓"养鱼就是养水，养树就是养根，养人就是养心"，同样的道理，要想把男孩培养好，就要把他生长的这个环境营造好。家庭是一个外在的"物质化"环境，而对男孩真正起到教育意义的其实是这个外在环境的"灵魂"——是源自父母的精神面貌、性格特质、行为方式、生活习惯等所融合而成的一种隐性的、内在的、"精神化"的内部环境。

怎样打造这个适合男孩成长的环境呢？以下我讲 5 点：

第一，学会正向消化不良情绪，而非无原则发泄。

有些人在外面对外人可以很好地忍耐下来，但只要一回到家，所有坏情绪就都出来了，于是家里经常会充斥着各种暴躁、抱怨、沮丧、悲伤。

有的妈妈认为，"我在外面受了委屈，回家来面对的都是熟悉的亲人，怎么就不能发泄情绪了呢？"有的爸爸也有类似行为和想法。当然，发脾气是每个人的自由。可是，为什么非要把坏情绪留给家人来消化呢？我们是成年人，很多不良情绪要学会自我消化，学会自我开解，或者选择各种其他方式来转移注意力，帮助自己放宽心，而不是一回到家就把在外受的各种气都发泄出来。

"窝里横"的表现，除了扰乱家中的平静氛围，间接反映出你在处事方面的不成熟，也给孩子做了一个坏榜样，所以如果你也有这种习惯，那就赶紧纠正过来，还家庭安宁。

第二，快速解决矛盾，做到全家上下的和平共处。

家也是个小社会，各种矛盾频出，这很正常。但是，有的家庭就是有本事让一个小矛盾不断发散，可以延续好几天甚至更久，全家上下也总是处于这种压抑之中。

其实没有什么问题是不能解决的，有了矛盾，积极想办法解决矛盾，不要互相指责，而要互相包容，多想着去解决实际问题，彼此少一些抱怨。越快解决问题，越能让家中的压抑气氛尽快消散。

　　第三，不要把孩子当成是自我情绪释放的"垃圾桶"。

　　有的妈妈一旦情绪上来，可能就会把男孩当成释放情绪的"垃圾桶"，要么是对着孩子各种找茬，指责他作业中的各种问题；要么就是很丧气地对男孩说，"你必须得好好学习，不然你看我，天天被人欺负，你要是没本事，你也和我一样被人欺负"；还有的妈妈会对男孩哭诉委屈，说自己有多么难过、多么痛苦。

　　男孩对你的爱会促使他很快生成同理心，你的情绪对他也有极大的感染力，他会莫名其妙地背上这种负面情绪，并影响到自己该做的事情，更重要的是，他自己并不会排解。可能过一段时间你自己好了，可是这种压抑的情绪却可能在男孩的内心"安了家"。

　　所以，不要这么自私地对着男孩发泄你的负能量，他也是一个自由独立的人，他也有自由支配自己情绪的权利。你自己的情绪请自己承担，自己想办法去解决，或者去寻找同样是成年人的家人或朋友来帮忙，不要让男孩承接你所有的情绪垃圾。

　　第四，通过正能量的活动营造和谐美好的生活氛围。

　　家庭氛围需要全家的活动来进行改变，所以我们不妨多进行一些充满积极正能量的家庭活动，比如全家一起出行，全家一起进行体育活动，全家一起做游戏，全家一起看欢乐的电影，全家一起分角色读书；等等。

　　在进行这种全家活动时，我们要暂时丢下烦恼，全身心投入活动之中，和男孩一起尽情释放内心的压力，及时改善自己的情绪状态。

　　第五，把家庭"环境"再进一步扩而广之。

　　就一个家庭而言，环境不仅是家庭有形的建筑物，室内装饰等物质方面的环境，更是家庭中父母和谐相处，努力营造出来的无形的精神环境或氛围——家风、家训、家教等。所以，不妨在家风、家训、家教方面，给孩子营造一个更广阔的"环境"。比如，建立孝悌、谨信、爱众、亲仁的良好家风，多学习践行包括《朱子治家格言》《了凡四训》《颜氏家训》《训蒙大意》等古圣先贤留下的传统家训，重视并发扬光大中华民族的传统家庭美德等。

最后，我想说的是，家庭是一个外在的"物质化"环境，而对男孩真正起到教育意义的其实是这个外在环境的"灵魂"——那个由好爸爸、好妈妈的精神面貌、性格特质、行为方式、生活习惯等所融合而成的内在的"精神化"环境。

所以说，爸爸妈妈才是男孩最真实的"成长环境"。古人云，"见一叶而知深秋，窥一斑而见全豹"，见父母便知孩童，观小儿可晓家庭。身为父母，我们是不是也应该把关注的视线先重点放在自己身上才好呢？这是个值得所有父母深刻思考的问题。

妈妈的情绪：
情绪平和的妈妈对男孩意味着什么？

情绪，就是人从自身对客观事物所持的态度中产生的主观体验，也就是心情、心境，主要是指不愉快的情感。

对于一个家庭来说，谁的情绪最为重要呢？有人说是孩子的情绪，其实并不是这样的，如果仔细观察，你会发现，孩子才是家里那个最会察言观色的人，他会根据其他家人，尤其是妈妈的情绪而调整自己的情绪。

比如妈妈很开心，那孩子一定也很开心，甚至会尝试放纵一下，这时的他会非常放松，越是年龄小的孩子，像是幼儿园时期的孩子，对于妈妈情绪的感应及"随之应对"的表现越是明显。而相对应的，如果妈妈不开心了，那么孩子也会变得小心翼翼，说话也要多想想看，他会开始观察妈妈的表情，并尽量减少自己在妈妈面前出现的次数，如果妈妈问话，他也会表现得很积极，用一句话来说就是"一切都要看妈妈脸色行事"。

对于爸爸来说，如果妈妈的情绪很好，爸爸的玩笑可以开得下去，不经意的小错误，包括说错话、办错事，也会被妈妈无视掉；相反，一旦妈妈情绪不在线，那么爸爸就有可能成为妈妈首要的开火对象。妈妈会因为各种小事而跟爸爸闹一闹，也会在爸爸说错话、办错事的时候将小事化大，当然同时如果男孩也在她眼前"飘"过去了，那么男孩也同样会被殃及。若爸爸是个脾性好的人，妈妈的情绪也许发作一下就过去了，可如果爸爸也脾气暴躁，那家庭战争真是一触即发。

从这里我们就可以看出来了，妈妈的情绪才是左右全家情绪的关键所在，或者说妈妈情绪的好坏决定着家庭是否能和睦温馨。妈妈的情绪对于男孩的成长影响极大。

我认为，教育孩子最大的障碍可能就是妈妈的坏情绪，就是妈妈的大吼大叫。当然，如果爸爸也经常有坏情绪，也经常吼叫的话，那这些话也是说给你听的。你要知道，童年只有一次，不能重来，而且童年的经历对于男孩的成长非常重要，因为童年是接触世界、认识世界的重要阶段，这个阶段吸收力极强。接触、认识、吸收得好，他就成长得好；反之，他就成长得不好。如果男孩在童年听到的都是妈妈的吼叫，感受到的都是妈妈的坏情绪，那他童年的色彩可想而知。

所以，妈妈一定要觉知自己的坏情绪，要寻找情绪失控的各种"点"，发现愤怒背后的原因，学着不埋怨、不丧气，温情包容，别让自己的大吼大叫成为男孩童年的阴影。因为吼叫"有毒"，冲孩子吼叫就是在向他释放"毒素"，会让他不知不觉"中毒"，而随着妈妈吼叫的持续，"毒素"会不断入侵男孩的肌体。孩子天性爱模仿，你如何对待他，他也将如何对待你。你吼他，他也将学会吼你，不仅如此，他还会吼别人。当孩子也学会吼叫时，他"中毒"已深。甚至，他长大后也会复制"吼叫"，吼向他的孩子。

可见，情绪会传染，情绪失控的妈妈往往会教出情绪化的孩子！

妈妈的教育不仅影响男孩的未来，也将影响他所建立家庭的未来，"妈妈模式"是会传承的，一代又一代，你永远想象不到你给男孩留下的印象会造成多么深远的影响。每一位妈妈都应该对"教育之敌""吼叫之毒"有深刻清醒的认识与反思。对男孩，不要理直气壮，而要理直气平、理直气和，要平和、和平。有理，也要心平气和地说，做到"平"与"和"，才会让男孩从内心里感觉舒服。要永远记得，有理不在声高。

一个情绪稳定、包容有爱、敦厚朴实的妈妈形象，对男孩的成长最有利。在有优秀情绪品质的妈妈的培养下，男孩的精神成长一定非常健康，因为培育他的"土地"是稳固的、可被依靠的。反之，一个动不动就爆发情绪危机的妈妈，带给男孩的则是动荡不安的情绪体验，他会感觉不知所措、毫无安全感，甚至心生恐惧。所以，妈妈要培养女性的温柔与细腻的特质，让自己变得"温柔如水"，要知道，"上善若水，水善利万物而不争"，而且"柔弱胜刚强"。作为女性，一定要修炼自己"柔"的一面，所谓"以柔克刚"，是非常有道理的。因为适合自己的"柔"才是最强大的。

这个道理并不难理解。妈妈就如大地一样承载万物，所以有"大地母亲"的说法。想想看，如果让我们生活在一个地震频发的地方，心灵一定会受到很多突如其来的打击和折磨。而在家庭中，妈妈如果不能很好地掌控情绪，男孩感受到的就是频繁的情绪"地震"。

每一位妈妈都希望男孩成长得优秀，有优秀的品格、良好的意志品质、健康的心理，但是也要时常反思，作为养育他的"土地"，自己有没有为他提供一个特别稳定的、良好的生活环境，这个生活环境不仅包括有形的物质环境，更包括无形的精神环境。而要做到这一点，就需要妈妈拥有平和的情绪。

一个情绪平和的妈妈才能给男孩富足的安全感，因为妈妈的情绪决定家庭氛围，家庭氛围决定男孩的安全感；妈妈情绪平和，才能给男孩一个好性格，因为如果妈妈情绪不良，男孩则很难性格平和，而性格又决定命运，所以妈妈要密切关注自己与男孩的关系，培养男孩积极乐观的生活态度；妈妈拥有好情绪，就能有效提升男孩的幸福感，还能培养男孩终身受用的好习惯，更能教男孩学会管理情绪……

男孩有一个情绪平和的妈妈，就等于拥有了无穷的财富。对于男孩而言，妈妈可以帮他正确认识女性，培养他具备细心、善良、温雅有爱的特性。男孩将从妈妈身上了解异性，学会与异性相处。母子关系影响着男孩未来婚姻的格局。可见，妈妈的情绪影响孩子一生。

悟到这些，并能在生活中真正做到这些，可谓是妈妈的一场修行。所以，作为妈妈来说，认识自己的情绪、学会管理自己的情绪至关重要；而作为爸爸来说，了解女性情绪变化的原因、理解女性心理，以及以包容心态去面对女性也需要同步进行。

妈妈的好情绪，可以让家庭的磁场、让夫妻关系、让孩子的情绪都变得更加稳定，而且平和讲理的妈妈对于孩子的教育效果要比情绪暴躁、大吼大叫强太多倍。好情绪让妈妈不仅不会失去什么，反而获得更多，自己、孩子、爱人、家庭都受益了，这着实值得庆贺。

爸爸的格局：
格局大的爸爸对男孩有什么帮助？

有人说，妈妈的情绪、爸爸的格局，决定孩子的一生。的确，妈妈的情绪，决定家庭的温度；爸爸的格局，决定孩子的高度。

前面说完了妈妈的情绪，这里再说爸爸的格局。

什么是格局？格，就是对认知范围内事物认知的程度；局，就是在认知范围内所做事情以及事情的结果。从哲学角度看，"格"就是人格，"局"是人的气度、胸怀。简而言之，格局就是一个人的眼光、胸怀、胆识、刚健等心理要素的内在布局。在某种程度上，格局就是布局，而布局决定结局。一个人的格局有多大，他的人生舞台就有多大。

在很多家庭中，爸爸是顶梁柱一般的存在，所以爸爸的格局大小，就会决定着他的思想、能力发展的深浅与高低。如果爸爸有大格局，为人正直高尚，能包容，重要的是对事情看得远，那么他的眼界就会非常宽，并不会为眼前小事斤斤计较。有大格局的爸爸，可以为家庭、为夫妻关系、为孩子考虑得更多更长远，这有助于维系家庭的长久发展，并且还能帮助整个家庭发展得越来越好。

一个人的格局大小，与他的勇气胆量、头脑智慧、眼光见识、善良爱心、责任担当以及个人使命感都有着紧密联系，而这也就给了爸爸们很好的提示，培养自己具备良好的格局。

爸爸的格局大，妈妈就会有主心骨，哪怕再坚强、再有所谓"自我能力"的女性，也会有想要寻求依靠的意愿。爸爸的大格局会让妈妈感觉心安，不管遇到什么事，妈妈都有依靠，有可以寻求帮助和诉求情绪的对象，这也有助于培养妈妈的定力。同时，拥有大格局的爸爸也可以为妈妈"支招"，让妈妈在应对自己的事业、生活以及为人处世方面，也能逐渐拓展自己的格局，提升自身的容量，从而"海纳百川，有容乃大"。

作为爸爸，都会对男孩的未来充满无限期待，期待他能站得更高、看得更远、走得更稳，取得更大成就。怎样才能实现这个期待呢？就要看爸爸的格局了。如果爸爸有格局，其眼界、胸襟、胆识就会很大，所认识的世界就越广，对事物的发展也会有深刻精准的认知，其思想也会更深邃，而思想又会指导行动，认准目标、勇往直前、义无反顾，人生必有所成就。爸爸的大格局也会带给孩子正确的人生方向、精准的人生布局，孩子也会拥有大格局，自然会有好成长、好发展、好未来与好人生，因为"青出于蓝而胜于蓝"。所以，好爸爸就是要有大格局，这是给自己也是给男孩的最好"投资"。

爸爸是男孩的模仿对象，男孩要成为一个怎样的男子汉，很大程度上要看爸爸格局的引领。因为在成长过程中，孩子会以爸爸为榜样和动力，爸爸的思考方式、遇事时的原则及处理、看问题的角度、对待不同事件的认知等，都将成为孩子有意或无意的模仿对象，并且会影响孩子自身的格局发展，从而推动他形成具有鲜明性别特征的行为与角色。

在这方面，晚清重臣曾国藩是一个很好的榜样。

曾国藩在治学、修身方面均取得令人敬仰的成就，尤其是在读书方面。在那个人们普遍认为"读书就是为了中举当官"的时代，曾国藩却以更大的格局来看待读书，正如他自己所说的，"谋大事者，首重格局"，他教导弟弟、儿子们，"静坐自我妄为，读书即是立德"。

曾国藩的读书秘诀被当成家训传给了后世，正是因为当时他的大格局打下了良好的基础，曾氏家族人才辈出，连续几代都在教育、文化、科学等领域取得令人瞩目的成就。

可以说，爸爸的格局决定男孩的未来。一个格局大的爸爸会有足够的思想高度，这会决定男孩的人生高度；爸爸有大格局，就给男孩正确的价值观，教他辨别是非，引导他明白"物有本末，事有终始"的道理，这是对男孩心灵的最好滋养；爸爸格局大，就会给男孩一个"国际视野"，大视野、大见识以及长远的眼光会让他放眼未来；爸爸拥有大格局，就会锻造男孩的抗挫力让他能量满满，也会拓宽男孩的胸怀让他拥有海纳百川的境界，还会培养男孩的担当精神，更会激发男孩的潜能，给他一个自信人生……

所以说，男孩有一个格局大的爸爸，就等于拥有了无尽的宝藏。对于男孩而言，爸爸可以帮他建立对男子汉的正确认知，培养他的男子气概。他将从爸爸身上学到如何成为一个男人，学会以正确的态度对待异性、家庭，并具备格局、勇气、耐力、韧性、果敢、刚强、责任感等特质。

如果说妈妈的情绪左右的是男孩内心世界的发展，那么爸爸的格局引领的就将是男孩外部世界的开拓。大格局的爸爸，其自身的能量影响，将会给男孩带去成长的力量，树立成长的规则，并使之学会自立、自强、自控。

中国古代史学名著、国别体史书《战国策》中说："父母之爱子，则为之计深远。"做爸爸的如果能用自己的大格局引领男孩勇攀高峰，那么子孙后代都将受益良多。今天的教育界也有这样一句教育名言："教育的本质意味着：一棵树摇动另一棵树，一朵云推动另一朵云，一个灵魂唤醒另一个灵魂。"所以，教育者自身的格局，决定了男孩未来成长的走向。做爸爸的，理应从中得到启示，让自己更有格局，从而培养出更优秀的男孩。

爸爸的大格局，可以为家庭、为夫妻关系、为男孩考虑得更多更长远，这有助于维系家庭的长久发展，并且还能帮助整个家庭发展得越来越好。大格局不仅是让爸爸自身受益，全家人也都将跟着一起具备大格局。一个拥有大格局的家庭，未来的发展自然值得期待。

合力教育：
父母怎样配合才能教出优秀的男孩？

什么样的教育才是对男孩有益的教育，怎样才能教出优秀的男孩呢？在这个问题上，不同的人有着不同的看法：

一位妈妈认为，"孩子的爸爸主抓养家，我主抓孩子的教育，我全身心投入，就是为了给孩子最好的教育"。

一位爸爸则是这样说的，"谁有空儿就谁教育，谁对就听谁的"。

还有一位妈妈干脆直接地表示，"我们忙，家里有老人看着，学校有老师管着，这就够了"……

教育男孩哪里是这么容易的事情！只靠妈妈一个人、"随机"分配教育者以及将自己的教育责任完全"外包"出去，都不是教育的良方。

当然，我们不否认有人的确凭借自己一个人的力量培养出了好男孩，但是相对于一般情况来说，家庭教育并不能只靠爸爸或只靠妈妈就可以完成，良好的家庭教育应该是一种合力教育，爸爸妈妈亲密配合，相得益彰，这样才能让男孩获得最合适的教育。

那么，什么才是合力教育？是每个人都在教育中发力就够了吗？事实并非如此。

举个例子，有个上小学的男孩平时在家经历的教育是这样的：

关于学习，妈妈认为，必须多关注教材、课堂笔记，以及勤做题才可以，不能看太多课外书；爸爸则认为，多开阔眼界，不能只拘泥于书本，看得书越多越好。

关于锻炼，妈妈认为，上学路上跑跑跳跳再加上学校的体育课足够了，不需要多浪费时间；爸爸则觉得，还是要每天拿出一定的时间进行锻炼才能保证身体健康。

关于玩耍，妈妈反复强调，已经上学了就不可以太贪玩，以后有的是时间玩耍；爸爸则持另一种意见，该学的时候认真学，该玩儿的时候也要开心玩儿，要劳逸结合才行。

如果单独拿出任何一个人的意见来看，出发点都是没有问题的，而且也都在教育中发了力，表达得也都算是有道理的，可是对于男孩来说，他却会陷入"不知道该听谁的"困境中。因为没有统一的标准，没有相互辅助的教育表现方式，男孩不知道自己该怎么做，爸爸妈妈也很容易会因为观念不合而产生分歧。

所以，要好好分析一下合力教育这件事。

第一，合力教育需要双方都出力。

合力，当然是要父母双方都出力，这是合力教育的一个最基本的前提。爸爸和妈妈代表着两个完全不同的性别、思想、习惯、态度、性格的人，在教育方面会有不同角度的考量、认知、选择、结论。正是因为不同，所以才需要统合。

仅从性别角度来看，爸爸妈妈对男孩的影响就是完全不同的。这一点，在前面"妈妈的情绪"和"爸爸的格局"中已经作了阐述。

实际上，爸爸给予男孩的某些东西，是妈妈所不具备的，而妈妈对男孩的感染力量，又是爸爸无法实现的。所以，我们才需要在教育过程中实现合力，给予男孩更多方面的教育，让他能真正感受到爸爸妈妈对他的关心与影响。

第二，一定要建立一个统一的教育标准。

如果说爸爸妈妈都要出力是合力教育的基础，那么建立统一的教育标准就是合力教育的关键所在。合力教育是需要爸爸妈妈拧成一股绳，但很多家庭中，爸爸妈妈却仿佛是在把一条已经拧好股的绳子再重新拆分开，南辕北辙，教育怎么可能会有效果？

教育不仅是要出力，还要有智慧、有原则地出力才行，所以建立统一标准非常有必要。需要明确教育内容，明确男孩的发展方向，明确他的优势在哪里、缺点又是什么以及需要怎样弥补，明确教育双方要遵循怎样的一系列教育原则；等等。

可以坐下来好好讨论这些内容，提出自己观点的同时，也听听对方的意见。不管怎么说，都一定要围绕男孩本身的特点来进行讨论，然后在原则上实现统一。

第三，合力的"合"可以是互补，也可以是巩固。

合力的教育，可以是如榫卯结构一般，利用互补的方式来使教育完整；也可以像拔河一样，将两人的力量集合在一起，对教育内容进行巩固。

说到互补，是说父母双方应该意识到对方在教育过程中可能会存在的想不到、没做好的地方，然后有意识地去补充。但是这个补充并不能以贬低对方或者指责对方的方式来进行，爸爸妈妈彼此要互相维护，不仅是维护对方的自尊，也要维护对方在男孩面前的权威，尤其是要让他看到爸爸妈妈对彼此的爱护。

至于说巩固，则是要求我们一定要看得到对方的努力与付出，而且也要有把这个正确的教育延续下去的意识，不能说"反正他（她）已经教育了，我就不用多费心了"，我们也做出同样的努力，这会给男孩一个提示或暗示——"不管是爸爸还是妈妈，都这么努力教育我，我一定不辜负他们的期望"。

第四，爸爸妈妈相互了解、成就，进行"角色合力"。

其实在我看来，爸爸妈妈最好的合力，就是"角色合力"，就是相互了解，定位自己的角色，并且在互相成就彼此的前提下扮演好自己的角色。

这里，我想借用古老的《周易》中的道理讲一下爸爸妈妈应该扮演的角色。在《周易》的六十四卦中，"乾""坤"两卦是最重要的两部分。"乾卦"中的"天行健，君子以自强不息"，"坤卦"中的"地势坤，君子以厚德载物"，这两句话道出了中华文化的核心。所谓"一阴一阳之谓道"，是极富智慧的，世上的事情阴阳平衡达到和谐，就能发展进步。

"乾"代表天，讲的是事物从发生到繁荣的过程，在家庭中代表着刚健、自强的父亲形象；"坤"代表地，宽广无边、德行敦厚，孕育万物，在家庭中代表着宽厚包容、慈爱祥和、有承载力的母亲形象。也就是说，在家庭中同样是存在阴阳乾坤之道的。爸爸是乾、是阳，如天空一样，有胸襟、有能量；妈妈便是坤、是阴，如大地一般，能承载、能孕育。乾坤相宜，阴阳相吸，天地和合；乾坤同一，阴阳平衡，家庭和美。如此，爸爸妈妈就能合力创造一个良好的养育与教育的环境，这个环境就将成为男孩健康成长的关键因素。

所以说，爸爸妈妈如果相互了解，彼此成就，进行"角色合力"，你家的男孩想不优秀都很难，他一定会努力学习、健康成长，成人成才。

深度陪伴：
怎样给男孩高质量、有情感的陪伴？

如果要问，父母的哪种行为最能让男孩有安全感？那么"陪伴"一定能高票居首。因为父母的陪伴能够带给男孩力量，带给男孩安全感。

我知道，大部分年轻父母都非常忙，忙于工作、事业、学习、应酬……但是，我要说，既然已经做了父母，就应该抽出更多时间给孩子。尤其是男孩小的时候，父母的陪伴更是不可或缺，甚至多多益善。只有陪伴男孩，你才能真正走进他的内心世界，才会有真正的亲子之爱与沟通，才会与男孩牢固建立情感联结……由此，你才能跟男孩在生命深处相遇。

说了这么多，那"陪伴"到底是什么？就是父母在提供给男孩必要的物质生活保障的同时，也需要花一定的时间、高质量地、深情深度地陪在男孩身边，与他的内心在一起，融入他的世界，倾听他心中的委屈、苦恼、困惑，分享他的快乐、欢笑、成绩，给予他所需要的关爱、理解、顺应、接纳、引导、帮助、鼓励、支持……让他感觉到和父母在有形的身体和无形的精神上都非常亲密，从而使其身体与心灵都得以健康成长。

可见，陪伴不是简单地在男孩身边待着，而是要充满爱意，充满温情，还要与男孩加强交流与互动。陪伴，实质重于形式，质量重于数量。

而男孩也是非常需要父母的陪伴的。

有句话说，"父亲是孩子的天，母亲是孩子的地"，当父母常常陪在男孩身边时，男孩就有脚踩大地，头顶蓝天的安全感。安全感对于男孩的成长实在太重要了！试想，当一个人身处不安全的环境中时，会用什么眼光看待周围的人？还能不能勇敢自然地去做事？愿不愿意与他人沟通？……而没有父母陪伴下长大的男孩，就时刻生活在没有安全感的世界里。所以，男孩内心害怕、多疑、负面、阴暗……他自卑、反叛、孤独、悲伤……如果男孩从小心理就不健康，那他就很难体验到幸福感。如此这般，人生谈何快乐？

现代医学研究表明，人的情绪的确会对大脑和内分泌系统功能产生影响。假如男孩因为缺少父母的陪伴与关爱，长期处于焦虑、抑郁等不快乐的情绪中，他的睡眠饮食都会受到影响，从而也导致分泌人体生长激素的脑垂体受到抑制，生长激素的分泌量自然就会减少，使发育受到影响，临床上将其称为"心理性矮小症"。是不是有点令人吃惊呢？

缺少陪伴是男孩没有幸福感的重要原因之一，也会导致他出现各种心理问题，还可能会出现意外状况。而有父母深度陪伴的男孩，很少会有不安全感。这样的男孩往往敢想、敢说、敢做、敢尝试，他自信、果敢、正向乐观、勇于创新，能积极面对生活、学习、工作。即使人生有风雨，对他而言也是短暂的、可控的，因为他内心的阳光会照亮温暖自己的人生。

所以，要用心陪伴你的男孩，让他不仅是能吃饱穿暖，身体得到成长，也要让他心灵得到满足，精神上保持愉悦。如此，男孩长大后，不仅能学有所成，自食其力，而且还会像父母曾给予他的一样，给予父母精神上的温暖和安慰。一家人始终互相支持、互相关怀，其乐融融。从男孩身心发展和终身幸福的角度来讲，父母的陪伴绝对重要，因为这完全有利于男孩的成长。而从父母的感受来说，只有常常陪伴男孩，才能谈及了解和关爱男孩，而男孩小时候感受父母的爱，是父母年老后感受男孩的爱、接受男孩的爱的前提条件。如果父母希望自己轻松而幸福地度过中老年生活，就一定要在年轻时种下"陪伴男孩"的种子。这是有果必有因。父母想要收获"好果"，就一定要种下"好因"。

现在，我们应该怎样种下"高质量、更有情感的陪伴"的因呢？或者说，如何做，才是给男孩高质量的、更有情感的陪伴呢？我想再强调5点：

第一，高质量的、更有情感的陪伴，要有足够的陪伴时间。

评判一段陪伴是不是高质量的、更有情感的，时间是一个最基本的判断标准。

有的父母工作忙碌，但工作与生活应该是彼此扶持，互不相欠，这才是常态。所以你对于时间的规划就显得非常重要，工作归于工作，生活也一定要像样，该给男孩的时间不要随意占用，尊重男孩在你生命里所占有的时间。

而对于全职或者工作不忙碌的妈妈来说，也要好好审视一下自己对于时间的安排。那些频繁关注手机、游戏、韩剧、综娱的时间，都是可以拿来陪伴男孩的。有的妈妈认为这会让自己没了娱乐时间，其实不然，如果男孩感到了满足的陪伴，他也会有自我独处的需求。

事实上，这个"足够"的时间，并不是要让你无时无刻地陪伴，这与时间长度无关，而是要在某个固定的时间段里，能够给男孩充足的陪伴。

第二，高质量的、更有情感的陪伴，不仅相陪，更要作伴。

陪伴是一个综合性的词，包括相陪和作伴两个动作。但很多父母只做到了"陪"，却完全忽略了"伴"。即便坐在男孩身边，也是依旧忙碌自己的事，只是关注男孩的喝水、上厕所、不要捣乱而已。

这种"陪"，才是实实在在地在浪费时间。男孩感受不到快乐，你自己也觉得受束缚。所以，一定要把"陪"和"伴"结合起来，形成真正的"陪伴"。比如，跟男孩一起参与到某项活动中，跟他形成互动、产生交流，一起体会快乐，引导他去学习到什么、认识到什么、理解到什么、感受到什么，相陪作伴同进退，让男孩能感受到"爸爸、妈妈和我一起"，他才会真的满足。

第三，高质量的、更有情感的陪伴，要专心、用心且自然。

陪伴男孩，要专心、用心，要先暂时放下手里的事，眼中只看见男孩，心里也只想着男孩。人在心在，陪伴得专心致志，男孩自然也会感受到这份温情，才会产生情感上的满足感。不要将陪伴变成监督。陪伴应该是一种自然状态，孩子轻松，你也轻松，你和男孩都乐在其中。不要把这种自然状态擅自变成紧张状态——"使劲"发现问题，训斥吼叫；"长篇大论""上纲上线"地教训数落。本来好好的陪伴，到最后变成了监督甚至是"有罪推定"后的"过堂审问"，这就不好了。

第四，高质量的、更有情感的陪伴，应该有更深刻的内容。

陪伴男孩其实是一种双方主动的行为，男孩需要陪伴是因为成长有需求，而你之所以要给予陪伴，是因为这是帮助你了解男孩、引导男孩的最直接的方法，也是加深彼此情感连接的最重要的方法。这样来看的话，陪伴理应具备更高质量的内容。

在这里，我列举几种可行的陪伴方式：

陪读书——一起读一本书，或者各自捧一本书，安静地看一段时间，每天如此，形成习惯，看完之后彼此讨论一下，男孩会非常享受这样的时光。

陪聊天——抓住合适的主题，跟男孩你一句我一句说说自己的看法，顺着他的思路想，引导他按照原则去思考，不要过分追求结果，不要强迫加诸任何思想于他，即便你觉得那是正确的，也要耐心等他自己理解。

做游戏——可以做有目的的游戏，比如增强体质，就和体育运动结合起来；培养思维能力，就和迷宫、猜谜游戏结合起来；培养动手能力，就和折纸、编织、彩泥游戏结合起来；等等。也可以做纯粹大笑的游戏，比如，没完没了地追着跑，不断地做鬼脸，重复最简单的动作、行为、言语，这其实也是一种释放，既让自己暂时忘却烦恼，也能连接彼此的情感。有意义的游戏和纯粹大笑的游戏，穿插来做，目的其实都不过是幸福快乐。

第五，高质量的、更有情感的陪伴，需要发散正向的情感。

陪伴应该是一个温馨的过程，要耐心、细心，还要有爱心，也就是"人在心也在"。实际上，陪伴男孩一定是一个发散正向情感的过程，不要想着"我又得陪着你耗时间"，请务必保持平静。

有的妈妈很急躁，总想要通过某些行为实现让男孩成长的目的，想法没问题，但情绪太急躁反而并不能让男孩感觉到愉悦，他一旦心生抵触，陪伴对于他来说就变成了煎熬。

陪伴应该是温馨的，如果你情绪好，那就让男孩也感受到你的好情绪，并将这份好逐渐延续发散下去；如果你情绪不好，那就尝试着用与单纯的男孩一起度过的那段时间，来平息自己的情绪，让自己从男孩这里去重拾简单的人生道理。

正向情感的发散，会让男孩的内心也逐渐得到满足，那么这个陪伴就是有效的，就好像吃饭吃得香又饱，他满足了自然也就安心了。

实际上，陪伴男孩的过程是我们再次成长的过程，这是男孩送给我们的人生礼物。男孩就像一个天使来到我们身边，让我们重新认识自己，并修正自己的错误言行。所以，我们都应珍惜这个机会，在与男孩的相处中，努力学习提升、完善自己。慢慢就会发现，你学会了从男孩的角度来看问题，你会越来越理解他、接纳他，不仅如此，对身边的人你也仿佛变得越来越宽容。恭喜你，你在男孩的帮助下，心越来越柔软，人生也越来越圆满。

如果你希望自己成为一个好妈妈、好爸爸，那就用心陪伴男孩成长，让陪伴滋养他的心灵。想想看，男孩在不断地扩充自我，"时时新"，你也在不断地完善自己，"日日新"。全家人一起成长，一起心神交流，这是一件多么幸福的事！